Anthony de Mello

Gib deiner Seele Zeit

HERDER spektrum

Band 4757

Das Buch

Abschalten von der täglichen Hektik und die Seele nachkommen lassen. Aufwachen zum Wesentlichen. Sich ganz bewußt Zeit nehmen für das, was wirklich wichtig ist: Kurze, inspirierende Texte des großen Seelenkenners Anthony de Mello, die nach innen führen und jedem Tag mehr Tiefe und mehr Leben geben. Impulse, die einen Bogen über den Zyklus des Jahres spannen und gleichzeitig auch achtsam und aufmerksam machen wollen auf das, was eigentlich jeden Tag ansteht: Die Routine unterbrechen. Den Blitz der Erleuchtung wahrnehmen, der unser Leben jeden Augenblick erhellen kann. Das kann eine kleine Geschichte sein, eine Reflexion, der Satz eines Meisters. Es geht darum, auf die Stimme der Weisheit zu hören, die in allen Kulturen zuhause ist und die tief im Herzen eines jeden einzelnen ihren Widerhall finden kann. Es sind direkte Ansprachen, manchmal „paradoxe Interventionen", bisweilen witzig und immer überraschend, treffend. Im ganzen wird de Mellos spirituelle Meisterschaft deutlich, die Brücken zwischen den Traditionen der Menschheit baut, die festgefahrene Sichtweisen aufbricht und die Fähigkeit besitzt, unmittelbar zum Herzen zu sprechen. Ein Buch, für alle, die bewußt und aufmerksam auf die Tiefe des eigenen Herzens hören und jeden Tag diese Tiefe ausloten wollen.

Mit einem Nachwort von Anand Nayak, das die Biographie und das spirituelle Profil dieses „Lebens-Meisters" und Seelenführers deutlich werden läßt.

Der Autor

Anthony de Mello, geboren 1931 in Bombay, studierte nach seinem Eintritt in den Jesuitenorden Philosophie, Theologie und Psychologie in Barcelona, Poona, Chicago und Rom. Bis zu seinem Tod 1987 leitete er ein Beratungs- und Ausbildungszentrum in Lonavla in Indien. In seiner Arbeit verband er die Spiritualität des Ostens mit westlichen Weisheitstraditionen. Bei Herder Spektrum u. a.: Wie ein Fisch im Wasser; Warum der Schäfer jedes Wetter liebt; Eine Minute Unsinn; Warum der Vogel singt; Wer bringt das Pferd zum Fliegen?; Eine Minute Weisheit.

Anthony de Mello

Gib deiner Seele Zeit

Inspirationen für jeden Tag

Herausgegeben von Anton Lichtenauer
Nachwort von Anand Nayak

HERDER

FREIBURG · BASEL · WIEN

MIX
Papier aus verantwortungsvollen Quellen
FSC® C106847
FSC www.fsc.org

Originalausgabe

5. Auflage der Jubiläumsausgabe 2012
(15. Gesamtauflage)

www.herder.de

Umschlagkonzeption und -gestaltung:
R·M·E München / Roland Eschlbeck, Liana Tuchel
Umschlagmotiv: © Corbis

Herstellung: fgb · freiburger graphische betriebe
www.fgb.de

Gedruckt auf umweltfreundlichem, chlorfrei gebleichtem Papier
Printed in Germany

ISBN 978-3-451-05916-2

Vorwort

von Anton Lichtenauer

„Die Zeit fährt Auto“, heißt eine Gedichtzeile bei Erich Kästner. Das Leben – eine Rennstrecke: Wir beschleunigen das Tempo, gejagt von der Angst, zu spät zu kommen, nicht zu den ersten zu gehören. Wir kommen immer schneller voran. Aber wohin?

Wenn ein neues Jahr beginnt, ist es oft schon vorausgeplant. Zeiten sind besetzt, verdichtet, der Arbeitstakt festgelegt, die Freizeit eingebaut – wie ein Parkplatz an der Autobahn. Aber unsere Zeit zum Leben gerät uns aus den Fugen.

„Ich habe gar nicht die Zeit, um in Eile zu sein.“ Das sagt ein Meister in einer Geschichte Anthony de Mellos.

Unsere Seele braucht Zeit, jeden Tag.

Jeder neue Tag bietet die Chance, unser Leben neu zu sehen. Jeder Tag – der erste Tag vom Rest unseres Lebens. Man braucht Zeit, um all das hinter sich zu lassen, was einen „zur Zeit“ so sehr bewegt und umtreibt – Vergangenes und Kommendes –, all das, was man fürchtet oder bedauert. Man braucht Ruhe und Zeit für die Seele, man braucht Freiheit für einen inneren Raum, in dem man nicht zuletzt sich selbst – und dem Leben – näherkommen kann.

Der Weg dahin ist schon das Ziel. Wir selbst können uns die Zeit nehmen, kein Umweg ist umsonst. Alles Wichtige müssen wir selbst erfahren: Ein Kuß kann nicht durch einen Boten überbracht werden, heißt es. Der Sinn des Lebens liegt darin: selbst zu leben.

Irgendwo zitiert de Mello einen Dichter: „Wir leben in einem kurzen Aufblitzen von Licht; dann kommt die Dunkelheit, und es ist für immer Nacht.“ Das heißt: Das Leben ist zu kurz, um es achtlos zu vergeuden. Aber auch: Im Augenblick, *jetzt,* ist das ganze Leben. Verschlaf das nicht. *Jetzt* ist die Chance der Erleuchtung.

Als Aufweck-Impuls sind die Texte dieses Buches gedacht: Daß jeden Tag nur ein Text zu lesen und zu meditieren ist, liegt durchaus in Anthony de Mellos Sinn. Er selbst hat die homöopathischen Dosierung empfohlen.

Seinen Büchern gab er Titel wie: „Eine Minute Weisheit“ oder: „Eine Minute Unsinn“. Und seine Texte sind tatsächlich kurz. Aber sie brauchen ihre Zeit, verlangen Übung. Damit sie wirken können, sollte man sich regelmäßig und immer wieder zurückzuholen von der Ablenkung des Alltags. Diese Zeit sollte man sich jeden Tag gönnen – auf die Länge einer Pause, die der Seele gut tut. Man sollte sich freilich wirklich auf seine Texte einlassen. Es sind keine Instant-Geschichten, zum schnellen und unterhaltsamen Konsum so nebenbei. Eben eher Wahrheiten wie der Blitz, der irritiert, wachmacht und alles auf einmal erleuchtet.

Was de Mello sagt, ist ernst gemeint, aber nicht ohne entspannten Humor: Versuche, dem Geheimnis deines Lebens auf den Grund zu gehen. Aber mach dich nicht lächerlich, indem du dir als Besitzer der ewigen Wahrheit vorkommst, so als hättest du sie fest in der Hand.
Die hier gesammelten Texte wollen auch diesem Humor de Mellos zeigen und die erlösende Leichtigkeit vermitteln, die die Seele aufatmen läßt. Nicht alles ist so ernst und erdenschwer, wie es zunächst scheint.

„Der Mann erzählt doch Unsinn", sagte ein Besucher, nachdem er den Meister sprechen gehört hatte. Ein Schüler des Meisters gab zur Antwort: „Auch du würdest Unsinn reden, wenn du versuchen würdest, das Unausdrückbare auszudrücken."
Als der Besucher mit dem Meister selbst darüber ins Gespräch kam, war dessen Antwort: „Keiner ist dagegen gefeit, Unsinn zu reden. Peinlich ist es nur, wenn man es feierlich tut."

Januar

1 Ein Geschäftsmann wollte vom Meister wissen, was das Geheimnis eines erfolgreichen Lebens sei.

Sagte der Meister: „Mach jeden Tag einen Menschen glücklich!"

Und er fügte als nachträglichen Gedanken hinzu: „… selbst wenn dieser Mensch du selbst bist."

Nur wenig später sagte er: „*Vor allem,* wenn dieser Mensch du selbst bist."

2 Ein Vogel, der sich an einen Ast klammert, kann nicht fliegen. Hören Sie auf, sich an die Vergangenheit zu klammern! Ein hinduistisches Sprichwort sagt: „Das Wasser wird rein, indem es weiterfließt; der Mensch, indem er weitergeht."

3 Einem Schüler, der sich schrecklich fürchtete, Fehler zu machen, sagte der Meister:
„Diejenigen, die keine Fehler machen, machen den größten aller Fehler: sie versuchen nichts Neues."

4 Die Vergangenheit ist tot, begraben und wiederer-standen. Gutes und Schlechtes kommen aus ihr. Das Leben kommt aus ihr. Lieben wir die Vergangenheit. Heilen wir auch die Gegenwart, genau im jetzigen Augenblick, sie ist entscheidend für das Leben.

5 Die beste Prüfung, wie es mit Ihrer Bewußtheit steht, ist, sich zu fragen: „Wie habe ich die letzte, eben vergangene Stunde gelebt?"

6 Eine Legende sagt, daß Buddha auf der Suche nach Erleuchtung durch das ganze Land reiste, die größten Meister seiner Zeit besuchte, alle Disziplinen und spirituellen Methoden praktizierte, die es gab, aber keine Erleuchtung fand. Schließlich gab er auf. Entmutigt setzte er sich zu Füßen einer Statue und war mit einem Mal erleuchtet. Jahre später fragten ihn seine Schüler: „Meister, erzähle uns das Geheimnis der Erleuchtung. Wie erlangt man sie?" Es gibt kein Geheimnis, keine Technik. Und der alte Mann versuchte, das zu erklären. Doch die Schüler wollten eine Methode. Also sagte Buddha – und ich stelle mir vor, wie er dabei mit dem Auge zwinkerte: „Gut, ich werde euch eine Methode lehren. Wenn ihr einatmet, seid euch dessen bewußt, daß ihr einatmet. Und wenn ihr ausatmet, seid euch dessen bewußt, daß ihr ausatmet."

Ist das nicht erstaunlich? Es kommt einem nicht sonderlich spirituell vor. Buddha wollte, daß die Schüler zum Jetzt, zum Heute, kamen. Er wußte – erleuchtet wie er war –, daß Gott nicht morgen ist, Gott ist jetzt. Das Leben ist nicht morgen, das Leben ist jetzt. Liebe ist nicht morgen, Liebe ist jetzt. Erleuchtung ist jetzt.

7 „Mein früherer Meister lehrte mich, Geburt und Tod anzunehmen."
„Warum bist du dann zu mir gekommen?" fragte der Meister.
„Zu lernen, das anzunehmen, was dazwischen liegt."

8 Es gibt so viele Dinge in unserem Leben, die nicht geändert werden können! Wir sind ihnen gegenüber machtlos. Doch wenn wir ja zu ihnen sagen können, kommen wir zum Frieden. Der Frieden liegt im Ja.

9 Der Friede ist ein Geschenk, wir können ihn nicht schaffen und noch viel weniger herbeireden. Was wir können, ist, unsere Herzen bereithalten und ihn empfangen.

10 „Was ist das Ziel deiner Suche?“
„Frieden“, sagte der Gast.
„Denjenigen, die suchen, ihr eigenes Ich zu schützen, bringt Frieden nur Unruhe.“
Und zu einer Gruppe frommer Leute, die zu ihm kamen, um ihn anzugaffen und um einen Segen zu bitten, sagte der Meister: „Möge der Friede Gottes euch stets beunruhigen.“

11 Woher kommen Kummer und Leid? Manche sagen, sie kommen vom Leben. Das Leben ist hart, das Leben ist ungerecht. Die Chinesen haben ein schönes Sprichwort: „Im ganzen Universum gibt es nichts, was so grausam wäre wie die Natur. Man kann ihr nicht entkommen. Aber nicht die Natur verursacht Katastrophen, es ist das Herz des Menschen, dem das Gefühl entspringt.“ Das Leben ist nicht schwer, Du machst es dir schwer.

12 Was ist der größte Feind der Erleuchtung?
„Angst."
„Und woher kommt Angst?"
„Aus der Einbildung."
„Und was ist Einbildung?"
„Zu denken, daß die Blumen neben dir giftige Schlangen seien."
„Wie soll ich Erleuchtung erreichen?"
„Öffne deine Augen und sieh!"
„Was?"
„Daß keine einzige Schlage in der Nähe ist."

13 „Ich habe keine Ahnung, was der morgige Tag bringen wird, also möchte ich mich darauf vorbereiten."
„Du fürchtest den morgigen Tag und erkennst nicht, daß der gestrige genau so gefährlich ist."

14 Frag dich: Was wäre, wenn ich mich von meinen negativen Gefühlen losmachen würde, meinen Schuldgefühlen, meinem Leid, meinen Abneigungen, meiner Eifersucht? Weißt du, was nun, durch dieses Koan, geschehen kann? Die Angst kann wie eine große Blase an die Oberfläche steigen. Höre nicht auf, dir diese Frage zu stellen. Was wird geschehen? Du kannst eine große Entdeckung machen.

15 Der Schüler bat um ein Wort der Weisheit. Sagte der Meister: „Geh, setz dich in deine Zelle und deine Zelle wird dich Weisheit lehren."
„Aber ich habe keine Zelle. Ich bin kein Mönch."
„Natürlich hast du eine Zelle. Blick in dich."

16 Erfahrungen und Fehler sind normal und heilsam; gäbe es keine Erfahrungen und Fehler, gäbe es keine Risiken. Es gäbe nur die berechnete Konformität. Doch das ist weder Leben noch der Sinn der Schöpfung, noch die Erfahrung von Liebe und auch nicht die Frohe Botschaft.

17 Nichts beschreibt besser die menschliche Natur als die Geschichte des armen Betrunkenen, der spät nachts außerhalb eines Parkes am Zaun rüttelt und schreit: „Laßt mich raus!“

Nur deine Illusionen hindern dich an der Erkenntnis, daß du frei bist – und es immer warst.

18 „Wie kann ich mich verändern?“
„Du bist du selbst, deshalb kannst *du* dich selbst ebensowenig verändern, wie du deinen eigenen Füßen davonlaufen kannst.“
„Gibt es also nichts, was ich tun kann?“
„Du kannst dies begreifen und akzeptieren.“
„Wie werde ich mich ändern, wenn ich *mich* selbst akzeptiere?“
„Wie willst du dich ändern, wenn du dich nicht akzeptierst? Was du nicht akzeptierst, *änderst* du nicht, du schaffst es nur, es zu *unterdrücken*.“

19 „Gibt es Wege, die eigene geistige Stärke zu messen?"
„Viele."
„Nennt uns einen:"
„Findet heraus, wie oft ihr euch im Laufe eines einzigen Tages aufregt."

20 Denke an etwas, worüber du dich in den letzten Tagen geärgert hast; oder an etwas, was dich in der letzten Zeit beunruhigt hat. Denke einmal nach! Und versuche, zu verstehen, daß die Unruhe nicht von außen kommt, vom Ereignis, von den Dingen. Zum Beispiel von der Tatsache, daß jemand gestorben ist, daß du einen Fehler gemacht hast, daß du einen Autounfall hattest, den Arbeitsplatz verloren hast oder Geld. Von daher kommt gar nichts. Vielmehr daher, wie du mit dem Ereignis, mit den anderen Menschen oder Dingen umgehst, die dich ärgern und durcheinanderbringen. Ein anderer wäre an deiner Stelle höchstwahrscheinlich gar nicht beunruhigt. Du aber, weshalb nur? Wir müssen etwas für dich tun. Jedoch nichts mit der Wirklichkeit. Wenngleich die meisten ihr Leben dafür gäben, um die Wirklichkeit zu ändern.

21 Das Wartezimmer des Arztes war gedrängt voll. Ein älterer Herr stand auf und ging zur Sprechstundenhilfe.

„Entschuldigen Sie", sagte er höflich, „Ich war um 10 Uhr bestellt, und jetzt ist es fast elf. Ich kann nicht mehr länger warten. Würden Sie mir bitte einen Termin an einem anderen Tag geben?"

Eine der Wartenden beugte sich zu einer anderen Frau und sagte: „Er ist doch mindestens achtzig Jahre alt. Was mag er wohl so dringend vorhaben, daß er nicht länger warten kann?"

Der Herr hörte die geflüsterte Bemerkung. Er wandte sich der Dame zu, verbeugte sich und sagte: „Ich bin siebenundachtzig Jahre alt. Und genau deswegen kann ich mir nicht leisten, auch nur eine Minute der kostbaren Zeit, die ich noch habe, zu vergeuden."

22 Die Besucher waren immer wieder von der Ruhe und Muße des Meisters beeindruckt.

„Ich habe gar nicht die Zeit, um in Eile zu sein", konnte er sagen.

23 Stell dir vor: Es erscheint dir ein Engel und sagt: „Du hast einen Wunsch frei.“
Was würdest du dir wünschen?
Und wieso?

24 Ehrgeiz kann eine wunderbare Sache sein. Aber vom Ehrgeiz versklavt zu werden ist etwas Schreckliches! Menschen, die unter dem Joch des Ehrgeizes stehen, leben gar nicht. Ich brauche das nicht weiter zu erläutern. Wir alle kennen genügend solcher Menschen. Aber was tun, wenn du selbst dem Ehrgeiz ausgeliefert bist? Begib dich in die Gegenwart Gottes, verrichte einen Akt des Glaubens, indem du die Zukunft in seine Hände legst. Sag ihm: „Herr, ich vertraue darauf, daß du meine Zukunft bestimmst. Ich werde alles tun, um meine Träume zu verwirklichen, aber das Ergebnis lege ich in deine Hände.“ Dann danke für das Ergebnis deiner Einstellung. Es wird dir Frieden und Freiheit bringen.

25 „Warum ist hier jeder glücklich außer mir?“, fragte ein Schüler.

„Weil sie gelernt haben, überall Güte und Schönheit zu sehen“, sagte der Meister.

„Warum sehe ich nicht überall Güte und Schönheit?“

„Weil du draußen nicht etwas sehen kannst, was du in deinem Inneren nicht siehst.“

26 Die Bewußtsein unserer selbst ist auch ein Mittel, um Bewußtheit für den anderen zu entfalten. Nur insofern ich meine eigenen Gefühle kenne, kann ich die Gefühle anderer bewußt wahrnehmen. Nur insofern ich meine eigenen Reaktionen auf andere kenne, kann ich ihnen in Liebe begegnen, ohne ihnen zu schaden. Wenn ich sensibel werde für mein eigenes Wesen, dann entwickle ich auch ein feineres Bewußtsein für das Wesen meines Bruders. Wenn es mir schwer fällt, die Wirklichkeit, die mir am nächsten liegt, nämlich mich selbst, zu erkennen – wie schwer muß es mir erst fallen, Gott und meinen Bruder zu erkennen?

27 „Mein Leiden ist unerträglich."
Sagte der Meister: „Der gegenwärtige Augenblick ist niemals unerträglich, vielmehr, was du in den nächsten fünf Minuten oder in den nächsten fünf Tagen auf dich hereinbrechen siehst, ist es, was dich verzweifeln läßt. Hör auf, in die Zukunft zu leben."

28 In sein Herz zurückkehren heißt nicht, sich auf irgendwelche mystischen Träumereien einzulassen. Es heißt für dich vielmehr: Kehre heim zu dir selbst, in die Gegenwart. Von da an wirst du leben."

29 Wenn man eine Uhr besitzt, weiß man, wie spät es ist.
Hat man zwei Uhren, ist man nie ganz sicher.

30 Ein junger Mann kam zu einem Meister und fragte:
„Wie lange werde ich brauchen, um Erleuchtung zu erlangen?"
Sagte er Meister: „Zehn Jahre."
Der junge Mann war erschrocken. „So lange?" fragte er ungläubig.
Sagte der Meister: „Nein, ich habe mich geirrt. Du wirst zwanzig Jahre brauchen."
Der junge Mann fragte: „Warum habt Ihr die Zeit verdoppelt?"
Sagte der Meister: „Wenn ich es recht überlege, wird es in deinem Fall wahrscheinlich dreißig Jahre dauern."

31 Möchtest du wirklich gerne leben? Genieße deine Sinne, deinen Geist. Lerne deine Arbeit schätzen, die Natur, erlebe die Berge und den Wald, eine sternenklare Nacht. Meide große Menschenansammlungen. Lerne, allein zu sein. In der Einsamkeit wird die Liebe entstehen.

Februar

1 Die Geschichte eines Bauern, dessen Hof an der russisch-finnischen Grenze lag: Er sollte sich entscheiden, ob er zu Finnland oder zu Rußland gehören wollte. Nach reiflicher Überlegung entschied er sich für Finnland. Die russischen Beamten wunderten sich und fragten ihn, warum er denn nicht Rußland gewählt habe. Er antwortete: „Wißt ihr, mein ganzes Leben lang war es mein Wunsch, bei Mütterchen Rußland zu leben, aber in meinem Alter und bei meiner Gesundheit könnte ich keinen russischen Winter mehr überleben!"

2 Ich kenne einen außergewöhnlichen Mann, der gelähmt ist. Er sagte mir einmal: „Wissen Sie, eigentlich begann ich erst wirklich zu leben, nachdem ich gelähmt war. Zum ersten Mal in meinem Leben hatte ich Zeit, mich selbst zu beobachten, mein Leben zu betrachten, meine Reaktionen und Gedanken. Mein Leben wurde viel tiefer, reicher und viel interessanter als vorher."
Ist es nicht bemerkenswert, daß ein gelähmter Mann das Leben entdeckte, während viele andere sich frei bewegen können und es doch nicht finden, weil sie innerlich gelähmt sind?

3 Die besten Dinge des Lebens sind uns geschenkt. Dinge wie das Sehvermögen, Gesundheit, Liebe, Freiheit und das Leben selbst. Schade nur, daß wir uns an ihnen nicht recht erfreuen. Wir sind zu sehr von dem Gedanken belastet, daß wir nicht genug von sehr nebensächlichen Dingen besitzen: wie Geld, gute Kleider und Ruhm. Als ich einmal zurück in meine Heimat flog, hatte das Flugzeug Verspätung, und ich war verärgert. Als es dann den Flughafen erreicht hatte, kreiste es fast eine halbe Stunde wegen „technischer Schwierigkeiten“, wie es diskret hieß, über dem Flughafen, was uns noch mehr verspätete. Diese halbe Stunde war voller Spannung und Sorgen. Du kannst dir unsere Erleichterung vorstellen, als wir landeten. Was war mit meinem Ärger über die Verspätung geschehen? Der war verflogen. Wir waren sehr froh, sicher auf der Erde zu sein. Die Verspätung war nun eine dumme Kleinigkeit. Doch erst die Möglichkeit eines schweren Unfalls führte uns das vor Augen.

4 Fast alle behaupten, sie hätten keine Zeit. „Wie soll ich nur die Zeit dafür finden?“ Gut, für was verwendest du denn deine Zeit? Um dein mechanisches Dasein aufrechtzuerhalten? Wie der Mann, den der Räuber anschrie: „Geld oder Leben!“, und der antwortete: „Nehmen Sie mir lieber das Leben, das Geld brauche ich noch für später.“

5 Noch etwas ist notwendig, um lebendig zu sein: jetzt zu sein. Was heißt das? Es heißt in erster Linie, etwas zu verstehen, was die wenigsten verstehen, nämlich: daß die Vergangenheit nicht die Wirklichkeit ist, ebensowenig wie die Zukunft, und daß in der Vergangenheit und in der Zukunft zu leben bedeutet, tot zu sein. Mir ist durchaus klar, daß es in der Vergangenheit viele wunderbare Dinge gibt, aus denen wir auch etwas lernen können, und daß die Vergangenheit uns beeinflußt und formt. Gut! Aber sie ist nicht die Wirklichkeit.

6 Die Taten für sich genommen bilden noch nicht den eigentlichen Wert. Einige gute Taten sind wirklich gut, andere sind oberflächlich. Meister Eckhart, der große deutsche Mystiker, sagte: „Nicht durch deine Taten wirst du gerettet werden, sondern durch dein Sein. Nicht nach dem, was du tust, sondern nach dem, was du bist, wirst du gerichtet werden."

7 „Wie könnte Spiritualität einem Weltmann wie mir helfen?" fragte der Geschäftsmann.

„Sie wird dir helfen, mehr zu haben", sagte der Meister.

„Wie?"

„Indem sie dich lehrt, weniger zu erstreben."

8 Das Sein ist es, was verändert werden muß, darin ist das Feuer! Wie läßt sich das Sein verändern? Was ist zu tun? Nichts! Um das Sein zu ändern, mußt du sehen. Etwas sehen, das es verändert. Niemand ändert sich durch bloße Arbeit. Du magst viele Dinge reparieren können, was eine große Gabe ist, doch wenn du versuchst, Menschen zu reparieren, wirst du wahrscheinlich auf Probleme stoßen. Du mußt nichts tun; du mußt die Dinge auf eine andere Weise sehen. Die Veränderung kommt mit dem Sehen.

9 Gewisse Menschen werden nie etwas lernen, weil sie alles zu schnell begreifen.

Weisheit ist schließlich kein Bahnhof, an dem man ankommt, sondern eine Art zu reisen.
Reist man zu schnell, übersieht man die Landschaft.
Genau zu wissen, wohin man will, kann der beste Weg sein, sich zu verirren.
Nicht alle, die bummeln, verlaufen sich.

10 Wir vergessen allzu leicht eine der großen Lehren der Menschwerdung, nämlich daß Gott sich im Gewöhnlichen mitteilt. Willst du Gott sehen? Blicke das Gesicht deines Nachbarn an. Möchtest du ihn hören? Lausche auf das Weinen eines Kindes, das laute Gelächter einer Party, auf das Rascheln der Bäume im Wind. Möchtest du ihn berühren? Fasse jemanden bei der Hand. Oder berühre den Stuhl, auf dem du sitzt, oder das Buch, das du liest. Oder werde nur still, werde dir deiner Körperempfindungen bewußt, spüre, wie seine Allmacht in dir am Werk ist und wie nahe er dir ist.

11 Um zur Stille zu gelangen, ist es notwendig, sich seiner fünf Sinne bewußt zu werden, indem man sie benutzt. Das mag vielen absurd erscheinen, ja unglaublich, aber alles, was du tun mußt, ist: sehen, hören, fühlen, riechen, schmecken.

12 „Ist das Auge nicht versperrt, kann man sehen, ist das Ohr nicht versperrt, kann man hören, ist die Zunge nicht versperrt, kann man schmecken. Ist der Geist nicht versperrt, kommen Weisheit und Glück." Wenn du von den Illusionen lassen kannst, bist du glücklich.

Ich habe schon Schwerkranke gesehen, Krebskranke, die große Schmerzen erleiden mußten und glücklich waren!

Wirklich glücklich! Sie litten nicht, denn Leiden bedeutet Kampf. Leiden bedeutet zu fragen: „Wie lange soll das noch dauern?"

Soll ich dir noch ein anderes Geheimnis verraten? Der gegenwärtige Augenblick ist nie unerträglich, vielmehr das, was du in den nächsten vier Stunden über dich hereinbrechen siehst. Mit dem Körper hier zu sein, um acht Uhr abends, und in Gedanken auf halb elf zu stehen, das bringt die Probleme.

13 Erinnere dich ich an Helen Keller, diese außergewöhnliche Frau. Taub, stumm, blind, und dennoch voller Leben. Wenn du dankbar sein kannst, wirst du das Geheimnis des Glücks finden. Probier es aus.

14 Überall auf der Welt suchen die Menschen nach Liebe, denn jeder ist davon überzeugt, daß nur die Liebe die Welt retten und nur sie das Leben sinnvoll und lebenswert machen kann. Aber sehr wenige verstehen, was Liebe wirklich ist und wie sie in den Herzen der Menschen erwacht. Sehr oft wird sie einfach mit positiven Gefühlen gegenüber anderen gleichgesetzt, mit Wohlwollen, Gewaltfreiheit oder Dienen. Doch dies alles ist an sich keine Liebe. Liebe entspringt aus Gewahrwerden. Nur insoweit du einen Menschen so siehst, wie er wirklich ist, hier und jetzt, und nicht so, wie er in deiner Erinnerung ist, in deinem Wunschdenken, deiner Vorstellung oder Erwartung, kannst du ihn wirklich lieben. Ansonsten liebst du nicht diesen Menschen, sondern die Vorstellung, die du von ihm hast, oder nur diesen Menschen als Objekt deines Verlangens, und nicht ihn an sich.

15 Liebe ist nicht, sich von jemandem angezogen zu fühlen. „Ich liebe dich mehr als irgendjemanden sonst" heißt eigentlich: ich fühle mich von dir mehr angezogen als von allen anderen. Was hältst du davon? Du ziehst mich stärker an als die anderen. Du paßt besser in das Programm in meinem Kopf als die anderen. Das ist für dich nicht sehr schmeichelhaft, denn wenn ich anders programmiert wäre … Hast du auch schon Leute kopfschüttelnd sagen hören: „Was findet er bloß an ihr? Was, um Himmels willen, sieht sie bloß in ihm?" Angezogen zu werden macht blind!

Ein altes Ehepaar feierte seinen sechzigsten Hochzeitstag. Nach der anstrengenden Feier saßen beide müde und erschöpft auf der Veranda. Der Großvater schaute gerührt seine Frau an und sagte: „Ach, Muttchen, ich bin so stolz auf dich."

„Was meinst du, Vater? Du mußt ein bißchen lauter sprechen, ich höre doch nichts ohne mein Gerät."

„Ich bin stolz auf dich!"

„Ja, ich habe auch genug von dir!"

16 Die vollkommene Liebe vertreibt unsere Angst, denn sie hat keine Wünsche, keine Ansprüche, sie schachert nicht, sie beurteilt nicht, hat keine negativen Befürchtungen. Die Liebe ist einfach, ist da, sieht und handelt.

17 Eine Verkäuferin verkaufte einem jungen Mann eine leuchtend bunte Hose, und er schien von seinem Kauf sehr angetan zu sein.
Am nächsten Tag kam er wieder, um die Hose zurückzugeben. Seine Begründung: „Meiner Freundin gefällt sie nicht."
Eine Woche später kam er noch einmal wieder, über das ganze Gesicht lächelnd und wollte die Hose doch kaufen.
„Hat Ihre Freundin ihre Meinung geändert?" fragte die Verkäuferin.
„Nee", sagte der junge Bursche, „ich habe die Freundin gewechselt."

18 Es gibt keine größere Freude als die, keinen Grund zur Sorge zu haben; keinen größeren Reichtum als die Zufriedenheit mit dem, was man hat.

19 Die Geschichte von einem intelligenten jungen Rabbiner, der seinem nicht minder intelligenten Vater nachfolgte, ebenso Rabbi: Die Leute sagten zu ihm: „Rabbi, du bist ja ganz anders als dein Vater!"
Da lachte der Junge: „Ich bin genau wie mein Vater! Mein Vater ahmte niemanden nach, und ich ahme niemanden nach. Er war keine Kopie, und ich auch nicht."
Das heißt, lebendig zu sein, einmalig zu sein.

20 Sei du selbst! Hüte dich, das Verhalten der Großen nachzuahmen, wenn du nicht die innere Einstellung hast, die ihr Handeln inspirierte.

21 Jemand, der taub und blind auf die Welt kam, kann nicht verstehen, daß die Blume, die er riecht und berührt, auch eine Farbe hat. Niemals käme er auf die Idee, daß es so etwas gibt. Um wirklich leben zu können und du selbst zu sein, brauchst du diese besondere Gabe, das Unbekannte zu fühlen und denken zu können. Wer für die „Pflichten" lebt, hat keine eigenen Gefühle, nur Gedanken und Freude aus zweiter Hand. Wie diejenigen, die nur lachen können, wenn der Chef lacht. Sie brauchen ein Gefühl der „Berechtigung", bevor sie lachen. Die Genehmigung macht ihr Lachen zulässig.

22 Als ein Schüler seine Absicht äußerte, Prediger zu werden, wollte der Meister nichts davon hören. Alles, was er sagte, war:
„Warte, du bist nicht soweit."
Ein Jahr verging, dann zwei, dann fünf und schließlich zehn, und immer noch hielt der Meister an seinem Verbot fest.
Eines Tages sagte der Schüler: „Kann ich nicht auch etwas Gutes tun, selbst wenn ich noch nicht soweit bin?"
Sagte der Meister: „Was wird ein Jäger ausrichten, der schießt, bevor er eine Kugel in seinem Gewehr hat?"

23 Eine große Schar von Freunden und ehemaligen Schülern hatte sich versammelt, um den neunzigsten Geburtstag des Meisters zu feiern.
Kurz vor Schluß der Feier stand der Meister auf und sagte:
„Das Leben wird nach der Qualität und nicht nach der Zahl der Tage gemessen."

24 Durch eine Verkettung von Umständen gelangte das Ei eines Adlers in ein Nest im hintersten Winkel einer Scheune, in dem eine Henne auf ihren Eiern brütete. Als es soweit war, schlüpfte der kleine Adler mit den anderen Küken aus.

Die Zeit verging, und der kleine Vogel begann auf unerklärliche Weise sich danach zu sehnen, fliegen zu können. Also sagte er zu seiner Mutter, der Henne: „Wann werde ich fliegen lernen?"

Der armen Henne war durchaus bewußt, daß sie nicht fliegen konnte und auch nicht die geringste Ahnung hatte, was andere Vögel taten, um ihre Jungen die Kunst des Fliegens zu lehren. Aber sie genierte sich, diese Unzulänglichkeit zuzugeben, und sagte daher: „Noch nicht, Kind, noch nicht. Ich werde es dir beibringen, wenn du soweit bist."

Monate vergingen, und der junge Adler begann zu argwöhnen, daß seine Mutter nicht fliegen konnte. Aber er brachte es nicht fertig, auszubrechen und auf eigene Faust loszufliegen, denn seine Sehnsucht zu fliegen war in Konflikt geraten mit der Dankbarkeit, die er gegenüber dem Vogel, der ihn ausgebrütet hatte, empfand.

25 Hättest du die Möglichkeit, dein Leben noch einmal von vorn zu beginnen, würdest du das annehmen? Würdest du die Annahme von bestimmten Bedingungen abhängig machen? ...

26 Erinnere dich an einige wichtige Entscheidungen, die du getroffen hast, Entscheidungen, die dein Leben oder das anderer Menschen wesentlich beeinflußt haben. Bereust du sie, oder freust du dich über sie? Hast du gewisse Entscheidungen, die du hättest treffen sollen, versäumt? …

27 Viele Erwachsene brauchen für die kleinste Kleinigkeit eine Erlaubnis – um ab und zu ihre Meinung zu sagen, oder um ein bißchen Spaß im Leben zu haben. Wie ein Kind bitten sie um Erlaubnis, wenn sie dafür kämpfen, selbst frei entscheiden, Anteil nehmen, sprechen und fühlen zu können.
Die eigene Beeinflussung zu überwinden ist genauso schwierig wie die fünf Sinne zum ersten Mal zu gebrauchen. Du wirst dir seltsam vorkommen und dich alleine fühlen, wenn du auf sie vertraust, anstatt dem Drang zu folgen, eine Erlaubnis einzuholen. Doch die Freude, die du erfahren wirst, ist nicht zu beschreiben: es ist wie eine Auferstehung zu neuem Leben.

28 Denke einmal an dich selbst, als dich jemand gut, attraktiv oder schön nannte.
Entweder du hast dich verschlossen, weil du dachtest, du seist häßlich, und hast dir gesagt: „Würdest du mich wirklich kennen, könntest du nicht sagen, daß ich schön bin."
Oder du hast dich den Worten des Betreffenden geöffnet und gedacht, du seist tatsächlich schön und dich von den Komplimenten hinreißen lassen.
In beiden Fällen hattest du Unrecht, da du weder schön noch häßlich bist. Du bist du.

29 Wenn du dich von Werturteilen anderer fangen läßt, akzeptierst du damit auch Druck, Unsicherheit und Angst. Denn heute giltst du als schön, und deine gute Laune steigt, doch morgen wirst du als häßlich angesehen, und schon wirst du niedergeschlagen sein. Nennt dich also jemand schön, ist es richtig und genau zu sagen: „Dieser Mensch findet mich in seiner gegenwärtigen Sicht und Stimmung schön, was aber gar nichts über mich aussagt. Ein anderer hingegen würde mich häßlich finden, je nach seiner Ansicht, Stimmung und persönlichen Einschätzung. Aber auch das sagt nichts über mich aus."

März

1 Der Meister verlangte von denen, die seine Schüler werden wollten, ernsthafte Entschlossenheit.

Aber er schalt seine Schüler, wenn sie sich in geistigem Streben überanstrengten. Er wollte unbeschwerten Ernst oder ernste Unbeschwertheit – ähnlich der eines Sportlers in einem Spiel oder eines Schauspielers in einem Theaterstück. Und viel viel Geduld. „Forciert getriebene Blumen haben keinen Duft", pflegte er zu sagen. „Forciert gereifte Früchte verlieren ihren Geschmack."

2 Der Meister war bekannt dafür, die Sache der Revolutionäre zu vertreten, sogar auf die Gefahr hin, das Mißfallen der Regierung zu erregen.

Als er gefragt wurde, warum er nicht aktiv in die soziale Revolution eingriff, antwortete er mit diesem rätselhaften Sprichwort:

„Ruhig sitzen, nichts tun, der Frühling kommt und das Gras wächst."

3 Der Meister hörte mit gespannter Aufmerksamkeit zu, als der berühmte Wirtschaftswissenschaftler seinen Entwurf einer künftigen Entwicklung erläuterte. „Sollte Wachstum der einzige Gesichtspunkt in einer Wirtschaftstheorie sein?" fragte er.
„Ja. Jedes Wachstum ist gut in sich."
„Denken nicht Krebszellen genau so?" sagte der Meister.

4 Der Meister verfocht die große Idee, daß in der Frage des Wachstums jeder seinen eigenen Rhythmus haben müsse. Er verdeutlichte seinen Schülern diese Theorie gewöhnlich mit dieser Geschichte:
Jemand beobachtete einen Schmetterling, der darum kämpfte, aus seinem Kokon zu schlüpfen ... Für den Betrachter war die Geburt langsam und schmerzhaft. So begann er, das Tierchen mit seinem freundlichen und warmen Atem anzublasen, um ihm bei der Geburt zu helfen ... Tatsächlich gelang es ihm, den Prozeß zu beschleunigen. Der Schmetterling schlüpfte aus, aber seine feinen Flügel waren verklebt!
Und der Meister schloß mit dem Hinweis: „Den Wachstumsprozeß, meine Freunde, kann man nicht beschleunigen: das ist fatal. Erzwungenes Wachstum geht zugrunde!"

5 Es gab Regeln im Kloster, aber der Meister rief immer zur Vorsicht gegenüber der Tyrannei des Gesetzes auf.

„Gehorsam hält die Regeln ein“, pflegte er zu sagen, „Liebe weiß, wann sie zu brechen sind.“

6 Ein Mann in der Bar wandte sich zu dem neben ihm sitzenden Fremden und sagte: „Ich verstehe es einfach nicht. Ich brauche nur einen kleinen Drink, nur einen einzigen kleinen Drink, und schon bin ich betrunken.“
„Wirklich? Nur einen?“
„Ja. Und gewöhnlich ist es der achte.“

7 „Sag uns etwas über Sex.“
„Sex“, sagte der Meister, „ist für diejenigen, die ihn kennen, göttlich.“
„Für die, die ihn kennen?“
Sagte der Meister:
„Der Frosch sitzt nahe bei den Blumen und weiß nichts von dem Honig, den die Biene findet.“

8 Ein Priester betrat einen Pub und war empört, dort so viele seiner Pfarrkinder anzutreffen. Er versammelte sie um sich und führte sie in die Kirche.
Dann sagte er feierlich: „Alle die, die in den Himmel kommen möchten, treten bitte links heraus." Jedermann trat nach links außer einem, der stur stehen blieb.
Der Priester sah ihn scharf an und sagte: „Willst du nicht in den Himmel kommen?"
„Nein", erwiderte der Mann.
„Willst du damit sagen, daß du nicht in den Himmel kommen willst, wenn du stirbst?"
„Natürlich will ich in den Himmel kommen, wenn ich sterbe. Aber ich dachte, wir sollten schon jetzt gleich gehen!"

Wir sind nur bereit, den ganzen Weg zu Fuß zu gehen, wenn unsere Bremsen nicht funktionieren.

9 Nicht das, was wir haben, sondern was wir verkosten, macht uns glücklich. Man kann das Leben nur verkosten, wenn man nicht fürchtet, etwas zu verlieren. Man wird frei, wenn man sich schließlich bewußt macht, daß einem nicht genommen werden kann, was man weiß, weder von anderen noch von sich selbst.

10 Eine Geschichte der Bhagawata Purana:
Eine Krähe erhob sich einst in den Himmel mit einem Stück Fleisch im Schnabel. Zwanzig Krähen flogen auf, sie zu verfolgen, und griffen sie erbittert an. Schließlich ließ die Krähe das Stück Fleisch fallen. Darauf ließen die Verfolger von ihr ab und flogen kreischend dem Stück Fleisch nach.
Sagte die Krähe: „Jetzt ist es friedlich hier oben. Der ganze Himmel gehört mir."
Sagte ein Zen-Mönch: „Als mein Haus abbrannte, behinderte nichts meine Sicht auf den nächtlichen Mond."

11 Ein Strafgefangener in einem sibirischen Konzentrationslager wurde um vier Uhr morgens geweckt und erhielt ein Stück Brot, als Ration für den ganzen Tag. So gerne er dieses Stück Brot auf einmal gegessen hätte, sagte er sich: „Besser, ich hebe mir einen Teil auf, vielleicht brauche ich es heute nacht, wenn ich vor Hunger nicht schlafen kann. Wenn ich dann etwas zu essen habe, werde ich vielleicht wieder einschlafen können." Nach einem langen Tag harter Arbeit streckte er sich müde auf seinem Lager aus, zog die Decke über sich, die ihn kaum wärmte, und sprach zu sich: „Heute war ein guter Tag. Ich mußte nicht im eisigen Nordostwind arbeiten. Und wenn mich heute nacht der Hunger weckt, kann ich ein Stückchen Brot essen und weiterschlafen."
Kannst du dir die Freude und das Glück dieses Mannes vorstellen?
Freude findet man nicht in Äußerlichkeiten. Lös dich von dieser irrigen Ansicht, sonst findest du die Freude nie.

12 Ehemann: „Weißt du, Liebling, ich werde hart arbeiten, und eines Tages werden wir reich werden."
Ehefrau: „Wir sind schon reich, Liebster, denn wir haben einander. Eines Tages werden wir vielleicht Geld haben."

13 Der glücklose Börsenmakler verlor sein Vermögen und kam in das Kloster, um inneren Frieden zu finden. Aber er war zu verzweifelt, um zu meditieren.

14 Nachdem er gegangen war, sagte der Meister einen einzigen Satz als trockenen Kommentar: „Diejenigen, die auf dem Fußboden schlafen, fallen nie aus ihren Betten."

15 Spiritualität bedeutet nicht, zu wissen, was man braucht, sondern einzusehen, was man nicht braucht.

16 Ich kenne eine Geschichte von einem Mann, der zu einem Mönch ging, als dieser in seinem Dorf halt machte. „Gib mir den Stein, den Edelstein!"
Der Mönch gab zurück: „Von was für einem Stein sprichst du überhaupt?"
„Heute nacht erschien mir Gott und sagte: ‚Morgen um die Mittagszeit wird ein Mönch durchs Dorf kommen, und wenn er dir den Stein gibt, den er bei sich trägt, wirst du der reichste Mann des ganzen Landes.' Also gibt mir den Stein!"
Der Mönch kramte in seiner Tasche und zog daraus einen Diamanten hervor. Es war der größte Diamant der Welt, so groß wie der Kopf eines Menschen! Dann sagte er: „Ist das der Stein, den du meinst? Ich habe ihn im Wald gefunden. Hier hast du ihn!"
Der Mann nahm den Stein und lief nach Hause. Doch als die Nacht kam und er sich schlafen legte, brachte er kein Auge zu. Am nächsten Morgen, zu früher Stunde, ging er an den Ort zurück, an dem der Mönch friedlich unter einem Baum schlief. Er weckte ihn und sagte: „Da hast du deinen Stein wieder. Gib mir lieber den Reichtum, der es dir so leicht macht, den Reichtum wegzuwerfen."
Genau das müssen wir entdecken, wenn wir Freude und Glück finden wollen.

17 Als ein Mann erfuhr, sein Haus sei von der Flut weggerissen worden, lachte er und sagte: „Unmöglich! Ich habe den Hausschlüssel hier in meiner Tasche."

18 Ein wichtiger Rat des Autors der „Geistlichen Übungen", des hl. Ignatius: „Denn nicht das viele Wissen sättigt und befriedigt die Seele, sondern das Erfühlen und innerste Erkennen der Dinge."

19 Der Besucher einer Irrenanstalt sah, wie einer der Insassen auf einem Stuhl saß, sich ständig hin- und herwiegte und mit sanfter zufriedener Stimme wiederholte: „Lulu, Lulu …“
„Was hat der Mann für ein Problem?“ fragte er den Arzt.
„Lulu. Sie war die Frau, die ihn sitzengelassen hat“, antwortete der Doktor.
Als sie die Runde fortsetzten, kamen sie zu einer Gummizelle, deren Bewohner seinen Kopf immer wieder gegen die Wand schlug und stöhnend wiederholte: „Lulu, Lulu …“
„Ist Lulu auch das Problem dieses Mannes?“ fragte der Besucher.
„Ja“, erwiderte der Arzt, „ihn hat Lulu schließlich geheiratet.“
Es gibt eigentlich nur zwei Heimsuchungen im Leben: nicht zu bekommen, was man sich wünscht, und das, was man sich wünscht, zu bekommen.

20 Versucht nicht, Dinge zu besitzen, denn sie können nie wirklich besessen werden.
Achtet nur darauf, nicht von ihnen in Besitz genommen zu werden, dann seid ihr Herr der Schöpfung.

21 Ein Mönch ging eines Tages im Klostergarten spazieren und hörte dabei das Lied eines Vogels.
Verzaubert lauschte er. Ihm war, als hätte er nie zuvor einen Vogel singen hören, wirklich gehört.
Als das Lied zu Ende war, ging er in das Kloster zurück und entdeckte zu seiner Bestürzung, daß er für seine Mitbrüder ein Fremder war und sie für ihn.
Nur langsam wurde ihm und ihnen klar, daß er nach Jahrhunderten zurückgekehrt war. So versunken hatte er gelauscht, daß die Zeit stehengeblieben und in die Ewigkeit hinübergeglitten war.

22 Ein Gebet ist vollkommen, wenn man dabei die Zeitlosigkeit erfährt.
Zeitlosigkeit erfährt man durch Klarheit der Wahrnehmung.
Wahrnehmung ist ungetrübt, wenn losgelöst von vorgefaßten Meinungen und allen Erwägungen persönlichen Verlustes oder Gewinnes.
Dann sieht man das Wunderbare und das Herz ist voller Staunen.

23 Ein Geizhals versteckte sein Gold unter einem Baum in seinem Garten. Jede Woche grub er es aus und betrachtete es stundenlang. Eines Tages fand ein Dieb das Gold und verschwand damit. Als der Geizhals das nächste Mal seinen Schatz betrachten wollte, fand er nur noch ein leeres Loch.
Der Mann begann vor Kummer laut zu heulen, so daß seine Nachbarn zusammenliefen und sehen wollten, was los war. Als sie erfuhren, was passiert war, fragte einer von ihnen: „Hast du das Gold zu etwas gebraucht?"
„Nein", sagte der Geizhals, „ich habe es nur jede Woche angesehen."
„In diesem Fall", sagte der Nachbar, „wenn du das Gold nicht direkt gebraucht hast, dann kannst du genausogut jede Woche herkommen und das Loch betrachten."

Nicht unser Geld macht uns reich oder arm, sondern unsere Fähigkeit zu genießen.
Nach Reichtum zu streben und nicht imstande zu sein, sich daran zu erfreuen, ist wie ein Glatzkopf, der Kämme sammelt.

24 Niemand kann einem etwas nehmen, an das man nie sein Herz hing.

25 Eine alte Nonne, die das neue Ordenskleid ausprobiert hatte, besprach mit ihrer Oberin ihr Begräbnis.
„Ich möchte gerne im alten Habit beerdigt werden", sagte sie. „Natürlich", erwiderte die Oberin, „wenn du dich darin wohler fühlst."

Wenn das Ich nicht mehr existiert, ist man tot und als Leichnam zufrieden in jeder Aufmachung.
Wer sich durchaus ertränken will, wird schließlich nicht unbedingt auf trockener Kleidung bestehen, um gemütlicher unterzugehen.

26 Wenn der Sperling im Wald sein Nest baut, braucht er dazu nur einen einzigen Ast.
Wenn das Wild am Fluß seinen Durst stillt, trinkt es nie mehr, als es vertragen kann.
Wir sammeln Dinge, weil unsere Herzen leer sind.

27 Die entscheidende falsche Vorstellung vom Glück ist zu meinen, es lasse sich in äußeren Umständen, zum Beispiel in anderen Menschen, finden. „Sicherlich werde ich glücklich ein, wenn ich meinen Arbeitsplatz wechsle." Oder: „Wer weiß, vielleicht wäre ich glücklich, wenn ich mir eine neue Wohnung suchte, eine andere Frau, einen anderen Mann heiratete?" usw. Glück hat aber wie gesagt mit Äußerlichkeiten nichts zu tun. Die meisten meinen tatsächlich, Geld, Macht und Ansehen könnte sie glücklich machen. Doch das ist nicht so. Arme Leute können sehr wohl glücklich sein.

28 Wie glücklich oder unglücklich wir sind, hängt eher davon ab, wie wir die Ereignisse wahrnehmen und ihnen gegenübertreten, als von den Ereignissen an sich. Wenn du dein Leben nicht genießen kannst, stimmt etwas Grundlegendes mit dir nicht.

29 Buddha wurde einmal gefragt: „Wer ist heilig?“ Er antwortete. „Jede Stunde ist in Sekunden eingeteilt und jede Sekunde in Sekundenbruchteile. Wer in jedem Bruchteil einer Sekunde voll bewußt gegenwärtig ist, ist wahrlich ein heiliger Mensch.“
Ein japanischer Krieger wurde von seinen Feinden gefangengenommen und in eine Gefängniszelle geworfen. Er konnte nachts nicht schlafen, denn er war überzeugt, am nächsten Tag grausam gefoltert zu werden.
Dann fielen ihm die Worte seines Zen-Meisters ein: „Morgen ist nicht wirklich. Die einzige Wirklichkeit ist die Gegenwart.“
Also besann er sich auf die Gegenwart und fiel in einen tiefen Schlaf.
Der Mensch, den die Zukunft nicht mehr in den Fängen hält: er ähnelt den Vögeln in der Luft und den Lilien auf dem Felde. Keine Angst vor dem Morgen. Völlig in der Gegenwart leben. Der heilige Mensch!

30 Meditation ist nicht Klammern, Identifikation oder Besitzergreifen. Das alles führt nur zu Leid. Meditation ist Schauen, Beobachten, Gewahrwerden, Verstehen. Sie führt zum Hinterfragen und zur Liebe.

31 Das menschliche Herz ist ein großer Verführer. Jeder erfährt das selbst. Wir möchten Dinge und Menschen besitzen und uns niemals wieder von ihnen trennen. Wir werden abhängig und verlieren die Freiheit. Oft lassen wir die anderen genausowenig frei sein.
Die folgende Übung kann uns von dieser Art des Festhaltens befreien:
Denk an Dinge, Orte, Tätigkeiten, an etwas für dich Wertvolles, von dem du nur schwer lassen kannst, und sag etwa folgendes: „Wie wertvoll du für mich bist! Doch du bist nicht mein Leben, ich habe ein Leben zu leben, eine Bestimmung zu erfüllen, die anders ist als deine." Sag dann dasselbe zu allem, woran du sehr hängst, was fast ein Teil deines Seins geworden ist: Dein Ruf, deine Gesundheit. Sag dem Leben selbst, daß es eines Tages vom Tode verschlungen werden wird: „Wie sehr schätze und liebe ich dich, doch du bist nicht mein Leben: Ich habe ein Leben zu leben, eine Bestimmung zu erfüllen, die anders ist als deine."
Aller Erwartung nach wird das Ergebnis der mutigen Wiederholung dieser Worte die innere Freiheit sein.

April

1 Als der Meister gefragt wurde, ob es ihn denn nicht entmutige, daß all seine Mühe anscheinend kaum Früchte trug, erzählte er die Geschichte von einer Schnecke, die an einem kalten, stürmischen Tag im Frühjahr aufbrach, um den Stamm eines Kirschbaums emporzuklettern.

Die Spatzen auf dem Nachbarbaum lachten über ihr Unterfangen. Da flog ein Spatz auf die Schnecke zu und piepste sie an:

„He, du Dummkopf, siehst du nicht, daß auf dem Baum keine Kirschen sind?"

Der Winzling ließ sich nicht aufhalten und sagte: „Macht nichts, bis ich oben bin, sind welche dran."

2 Als der Meister den Gouverneur zur Meditation einlud und die Antwort erhielt, er sei zu beschäftigt, sagte er ihm: „Ihr erinnert mich an einen Mann, der mit verbundenen Augen im Dschungel umhergeht – und zu beschäftigt ist, die Binde abzunehmen."

Als der Gouverneur vorgab, keine Zeit zu haben, sagte der Meister: „Es ist ein Irrtum, daß Meditation aus Zeitmangel nicht möglich ist. Der wahre Grund ist ein rastloser Verstand."

3 Es war einmal ein erschöpfter Holzfäller, der Zeit und Kraft verschwendete, weil er mit einer stumpfen Axt einschlug. Denn wie er sagte, habe er keine Zeit, die Schneide zu schärfen.

4 Eine Frau träumte, sie beträte einen ganz neuen Laden am Markt, und zu ihrem Erstaunen stand Gott hinter dem Ladentisch.

„Was verkaufst du hier?“ fragte sie.

„Alles, was dein Herz begehrt“, sagte Gott.

Die Frau wagte kaum zu glauben, was sie hörte, beschloß aber das Beste zu verlangen, was ein Mensch sich nur wünschen konnte. „Ich möchte Frieden für meine Seele und Liebe und Glück, und weise möchte ich sein und nie mehr Angst haben“, sagte sie. Nach kurzem Nachdenken fügte sie hinzu: „Nicht nur für mich allein, sondern für alle Menschen auf der Erde.“

Gott lächelte: „Ich glaube, du hast mich falsch verstanden, meine Liebe“, sagte er, „wir verkaufen hier keine Früchte, nur die Samen.“

5 Viele Menschen sind nicht glücklich, weil sie an ihr Glück Bedingungen knüpfen.

Finde heraus, ob sich diese Einstellung in deinem Herzen eingenistet hat, und wirf sie hinaus.

6 Eine chinesische Geschichte erzählt von einem alten Bauern, der ein altes Pferd für die Feldarbeit hatte. Eines Tages entfloh das Pferd in die Berge, und als alle Nachbarn des Bauern sein Pech bedauerten, antwortete der Bauer: „Pech? Glück? Wer weiß?" Eine Woche später kehrte das Pferd mit einer Herde Wildpferde aus den Bergen zurück, und diesmal gratulierten die Nachbarn dem Bauern wegen seines Glücks. Seine Antwort hieß: „Glück? Pech? Wer weiß?" Als der Sohn des Bauern versuchte, eines der Wildpferde zu zähmen, fiel er vom Rücken des Pferdes und brach sich ein Bein. Jeder hielt das für ein großes Pech. Nicht jedoch der Bauer, der nur sagte: „Pech? Glück? Wer weiß?" Ein paar Wochen später marschierte die Armee ins Dorf und zog jeden tauglichen jungen Mann ein, den sie finden konnte. Als sie den Bauernsohn mit seinem gebrochenen Bein sahen, ließen sie ihn zurück. War das nun Glück? Pech? Wer weiß?

7 Es war eine Freude, den Meister die einfachsten Tätigkeiten ausführen zu sehen: ob er saß oder ging, eine Tasse Tee trank oder eine Fliege verscheuchte. Alles, was er tat, hatte Anmut und ließ ihn in Harmonie mit der Natur erscheinen, so als würden seine Handlungen nicht von ihm, sondern vom Universum hervorgebracht.
Als er einmal ein Paket erhielt, beobachteten ihn die Schüler gebannt und ehrfürchtig, wie er die Schnur löste, das Papier entfernte und den Inhalt herausnahm, so als wäre das Paket ein lebendiges Geschöpf.

8 Führ dir die Dinge vor Augen, die dich unglücklich machen und schau, ob du auf diesen Satz stößt, den du dir fast unbewußt sagst: „Wenn ich dieses oder jenes nicht erreiche, weigere ich mich, glücklich zu sein.“ „Wenn ich das nicht bekomme oder jenes nicht geschieht, kann ich einfach nicht glücklich sein.“

9 „Angeklagter“, sagte der Richter, „ich spreche Sie schuldig in dreiundzwanzig Punkten. Daher verurteile ich Sie zu einer Gesamtstrafe von 175 Jahren.“
Der Verurteilte war ein alter Mann. Er brach in Tränen aus.
Das Gesicht des Richters wurde milder. „Ich wollte nicht grausam sein“, sagte er. „Ich weiß, die Strafe, die ich verhängt habe, ist sehr hart. Sie werden sie nicht ganz abzusitzen brauchen.“
In den Augen des Angeklagten glomm Hoffnung auf.
„So ist es gut“, sagte der Richter, „büßen Sie soviel ab, wie Sie können.“

10 Alte Schauspielerin: „Ich weiß nicht, wie alt ich bin. Mein Alter ändert sich von einer Minute zur anderen.“

11 Eine Flüchtlingsfamilie war von Amerika sehr positiv beeindruckt. Besonders die sechs Jahre alte Tochter war sehr schnell überzeugt, alles Amerikanische sei nicht nur das Beste, sondern einfach vollkommen.
Eines Tages sagte ihr eine Nachbarin, sie bekäme ein Baby. Klein Mary ging nach Hause und wollte wissen, warum sie nicht auch ein Baby bekommen könnte. Ihre Mutter beschloß, sie am besten gleich in die Dinge des Lebens einzuweihen und erklärte ihr unter anderem, daß es neun Monate dauerte, bis ein Baby auf die Welt kam.
„Neun Monate!" rief Mary empört. „Mutter, du vergißt wohl, daß wir in Amerika sind!"

12 „Wie lange werde ich brauchen, um mein Problem zu lösen?"
„Keine Minute länger, als du brauchst, um es zu verstehen", erwiderte der Meister.

13 Der Meister erzählte die Geschichte von dem Astronauten, der von einer Weltraumfahrt mit fünfhundert Erdumkreisungen zurückgekehrt war. Als man ihn fragte, wie er sich fühle, sagte er: „Völlig erschöpft! Stellen Sie sich vor, wie oft ich das Morgen-, Mittags-, Abend- und Nachtgebet sprechen mußte, das meine Religion vorschreibt."

14 Ein Schüler mußte rasch wieder heim, als ihn die Nachricht erreichte, daß sein Haus abgebrannt war.
Er war ein alter Mann, und alle bedauerten ihn.
Alles, was der Meister zu ihm sagte, war: „Es wird das Sterben leichter machen."

15 Manchmal meine ich, fast die ganze Welt ist auf Unglücklichsein vorprogrammiert. Die meisten sind einfach unfähig, nicht unglücklich zu sein; ihr Leben ist ein ewiges Auf und Ab, wie ein Pendel, und sie leiden. Glück hat keine Ursache. Wenn dich nichts und niemand verletzen kann, kein Mensch und kein Vorkommnis, dann bist du glücklich.

16 Ehrgeiz ist eine Art Gehirnwäsche, der wir unterzogen wurden. Es wurde uns eingeschärft, daß nie etwas aus uns werden würde, wenn wir keinen Ehrgeiz hätten. Dabei erwähnte niemand die Energie und Freude, die in der Arbeit liegen können. Von Tranxu, dem großen chinesischen Weisen, stammt der Satz: „Wenn der Bogenschütze schießt, ohne einen besonderen Preis zu bekommen, kann er seine ganze Kunst entfalten; schießt er, um eine Bronzemedaille zu erringen, fängt er an, unruhig zu werden. Schießt er um den Goldpokal, wird er blind, sieht zwei Ziele und gerät aus der Fassung. Sein Können ist dasselbe, aber der Preis spaltet ihn, er ist ihm wichtig. Er denkt mehr ans Gewinnen als an das Schießen. Und der Erfolgsdruck schwächt ihn."

17 Als ein Schüler anmahnte, die geistliche Lehre des Meisters müsse auf den heutigen Stand gebracht werden, lachte der Meister laut auf. Dann erzählte er die Geschichte von einem Studenten, der sich in einer Buchhandlung beschwerte:
„Haben Sie keine neueren Bücher über Anatomie? Diese hier sind doch mindestens zehn Jahre alt."
Sagte der Buchhändler:
„In den letzten zehn Jahren kamen zum menschlichen Skelett keine neuen Knochen hinzu, mein Lieber."

18 Was kann man tun, um glücklich zu sein? Nichts! Man kann nichts tun, braucht nichts Zusätzliches; du mußt etwas lassen: Deine Illusionen, deine Ambitionen, deine Sehnsüchte. Wie läßt man von denen? Indem man erkennt, daß sie falsch sind.

19 Ein junger Manager rief eines Tages seinen Auslandsvertreter an und sagte kurz angebunden: „Ich rufe an, weil ich Anweisungen geben will. Der Anruf wird nur drei Minuten dauern. Ich werde sprechen und bitte Sie, nicht zu unterbrechen. Irgendwelche Anmerkungen dazu oder Fragen kabeln Sie bitte später."
Dann begann er, seine Anweisungen durchzugeben. Er tat das so schnell, daß er schon vor der Zeit fertig war. „Wir haben noch zwanzig Sekunden übrig", sagte er dem Mann am anderen Ende. „Haben Sie etwas dazu zu sagen?"
„Ja", kam die Antwort, „Sie haben so schnell gesprochen, daß ich nicht ein Wort verstehen konnte."

20 Ein gutes Mittel, um eine kleinere Entfernung in mehr Zeit zurückzulegen, ist: schneller zu gehen.

21 Unser Glück gründet nie auf etwas Bestimmtem. Wahres Glück hat keine Ursache. Wenn Sie jemand glücklich macht, oder Ihr Beruf Sie glücklich macht, geht es dabei nicht wirklich um Glück, sondern um die Erfüllung eines Wunsches: Ich möchte irgendetwas, nehme einen Anlauf, schaffe es, bin begeistert, mache weiter bis zum Schluß, fühle mich belohnt, es macht mir Spaß, schließlich werde ich dessen müde. Wenn ich es nicht schaffe, werde ich unruhig.

Das ist kein Glück! Das sind Gefühle.

22 Ein großer und törichter König beklagte sich, daß der unebene Boden seinen Füßen Schmerz bereite, also befahl er, das ganze Land mit Kuhhäuten auszulegen.

Der Hofnarr lachte, als der König ihm von seinem Befehl erzählte. „Was für eine total verrückte Idee, Euer Majestät!“ rief er, „warum diese unnütze Ausgabe? Laßt Euch einfach zwei kleine Flecken Kuhhaut zurecht schneiden, um Eure Füße zu schützen!“

Das tat der König, und damit waren die Schuhe erfunden.

23 Erleuchtete wissen, nicht die Welt muß verändert werden, um den Schmerz zu verbannen, sondern dein Herz.

24 Was ist nötig, um die Dinge auf eine neue Art und Weise zu sehen? Man braucht keine Kraft, man muß nicht irgendwie nützlich sein, man braucht kein Selbstvertrauen, keine Willenskraft, keine Anstrengung. Man braucht nur den guten Willen, das Ungewöhnliche zu sehen; den guten Willen, etwas Neues zu sehen.

25 „Warum erlangen die meisten Menschen keine Erleuchtung?" fragte jemand den Meister.
„Weil sie als Verlust ansehen, was tatsächlich ein Gewinn ist."
Dann erzählte er von einem Bekannten, der ein Geschäft eröffnete, das bald florierte. Die Kundschaft strömte.
Als der Meister dem Kaufmann zu dem Erfolg gratulierte, erwiderte dieser besorgt: „Sehen Sie die Dinge doch ganz realistisch, und schauen Sie sich nur einmal die Ladentüren an. Wenn sie so viele Leute ständig auf- und zumachen, muß ich die Türangeln bald erneuern lassen."

26 Einem sich ständig über andere beklagenden Schüler sagte der Meister: „Wenn du wirklich Frieden haben willst, versuche, dich selbst zu ändern, nicht die anderen. Es ist einfacher, deine Füße mit Hausschuhen zu schützen, als die ganze Erde mit Teppichen auszulegen.“

27 „Ich habe gehört, Sie haben Ihr Fahrrad verkauft.“
„Das stimmt.“
„Wieviel haben Sie dafür bekommen?“
„Dreißig Dollar.“
„Ein annehmbarer Preis!“
„Das ist richtig. Wenn ich freilich gewußt hätte, daß der Mann mir das Geld nicht bezahlen würde, hätte ich doppelt soviel verlangt.“

28 Der Meister und ein Schüler begegneten unterwegs einem Blinden. Sagte der Meister: „Gib dem Mann ein Almosen!“
Der Schüler warf eine Münze in den Hut des Bettlers.
Sagte der Meister: „Du hättest deinen Hut ziehen sollen als Zeichen des Respekts.“
„Warum?“ wollte der Schüler wissen.
„Man sollte es immer tun, wenn man ein Almosen gibt.“
„Aber der Mann war doch blind!“
„Man kann es nie wissen“, erwiderte der Meister, „vielleicht war er ein Schwindler.“

29 Es war einmal ein Mann, dessen Bart Feuer gefangen hatte. Die Leute riefen ihm aufgeregt zu: „Ihr Bart steht in Flammen!“
Er antwortete: „Sehen Sie nicht, daß ich um Regen bete? Ich tue doch etwas!“

30 Die Wahrheit, die uns befreit, ist fast immer eine Wahrheit, die wir lieber nicht hören wollen.
Sagen wir also, irgend etwas sei nicht wahr, meinen wir nur allzuoft: „Ich höre das nicht gerne!“

Mai

1 Ein Mönch sagte einmal zu Fuketsu: „Ich hörte Euch einst Erstaunliches sagen, und zwar, daß Wahrheit mitgeteilt werden könne, ohne darüber zu reden, aber auch ohne zu schweigen. Könnt Ihr mir das bitte erklären?"
Fuketsu antwortete:
„Als ich ein kleiner Junge in Südchina war, wie sangen da im Frühling die Vögel in den blühenden Bäumen!"

2 Eine Schülerin entschloß sich, dem Meister persönlichere und direktere Fragen zu stellen.
„Glaubst *du* eigentlich an ein Leben nach dem Tod?" wollte sie von ihm wissen.
„Merkwürdig, daß du dich an dieses Thema so anklammerst", sagte der Meister.
„Warum soll das merkwürdig sein?"
„Hier hast du diesen strahlenden Maitag vor dir", erwiderte der Meister und zeigte aus dem Fenster. – „Wie ein Kind, das sich heute zu essen weigert, weil es weiß, was morgen kommt. Du hast Hunger. Iß dein tägliches Brot!"

3 Die Schülerin hatte Geburtstag.
„Was möchtest du als Geburtstagsgeschenk?“ fragte der Meister.
„Etwas, das mir Erleuchtung bringt“, sagte sie.
Der Meister lächelte. „Sag mir, meine Liebe“, sagte er, „als du geboren wurdest, kamst du *in* die Welt wie ein Stern vom Himmel oder *aus* ihr wie ein Blatt von einem Baum?“
Den ganzen Tag dachte sie über die seltsame Frage des Meisters nach. Dann sah sie plötzlich die Antwort und fiel in Erleuchtung.

4 „Was ist Liebe?“
„Überhaupt keine Angst mehr zu haben“, sagte der Meister.
„Was fürchten wir?“
„Liebe“, sagte der Meister.

5 Als ein Mann, dessen Ehe nicht gut ging, seinen Rat suchte, sagte der Meister: „Du mußt lernen, deiner Frau zuzuhören."
Der Mann nahm sich diesen Rat zu Herzen und kam nach einem Monat zurück und sagte, er habe gelernt, auf jedes Wort, das seine Frau sprach, zu hören.

6 Sagte der Meister mit einem Lächeln: „Nun geh nach Hause und höre auf jedes Wort, das sie nicht sagt."
Der Meister hörte geduldig die Klagen einer Frau über ihren Mann an.
Schließlich sagte er: „Eure Ehe wäre glücklicher, meine Liebe, wenn du eine bessere Ehefrau wärest."
„Und wie könnte ich das sein?"
„Indem du dich nicht länger anstrengst, ihn zu einem besseren Ehemann zu machen."

7 Frau zum Ehemann, der in die Zeitung vertieft ist: „Du brauchst nicht immer weiter ‚ha, ha' zu sagen. Ich habe schon vor zehn Minuten aufgehört zu sprechen."

Gutes Zuhören heißt nicht so sehr, anderen zuzuhören, als sich selbst. Eine gute Sicht zu haben heißt nicht so sehr, andere zu sehen, sondern sich selbst.
Denn die, die sich nicht selbst zuhören, können die anderen nicht verstehen; und sie sind blind gegenüber der Wirklichkeit anderer, wenn sie nicht in sich selbst eingedrungen sind. Ein guter Zuhörer versteht selbst dann, wenn nichts gesagt wird.

8 Wenn Schweigen tief genug ist, kann es vereinen. Worte können die Kommunikation manchmal stören.

9 „Ein guter Weg, Ihre eigenen Fehler und Unzulänglichkeiten zu erkennen“, sagte der Meister, „besteht darin, zu beobachten, was Sie bei anderen stört.“
Er erzählte einmal, wie seine Frau eine Dose mit Schokoladenbonbons in den Küchenschrank gestellt hatte, um schon nach einer Stunde, als sie die Dose wieder in die Hand nahm, festzustellen, daß sie bis auf den Boden leer war. Die Bonbons waren sorgfältig Stück für Stück in eine Papiertüte gepackt, die bei den persönlichen Sachen der neuen Köchin lag. Die gutmütige Frau wollte deswegen kein Aufhebens machen. Sie füllte die Bonbons wieder in die Dose um und stellte sie an einen Platz außer Reichweite.
Nach dem Essen teilte die Köchin dem Hausherrn mit, daß sie ihre Stelle noch am selben Abend verlassen werde.
„Warum denn? Was ist los?“ fragte der Meister.
„Ich möchte nicht für Leute arbeiten, die zurückstehlen“, antwortete sie erbost.

10 „Wie soll ich anderen vergeben?“
„Wenn du nie verurteiltest, brauchtest du nie zu vergeben.“

11 Ein Mann stieg in einen Bus und kam neben einem jungen Mann zu sitzen, der offensichtlich ein Hippie war. Er hatte nur einen Schuh an.
„Du hast wohl einen Schuh verloren, mein Junge."
„Nein, guter Mann", lautete die Antwort, „ich habe einen gefunden."

12 Du mußt niemanden beeindrucken, nie wieder. Du fühlst dich in der Welt einfach wohl, du verlangst von niemandem mehr etwas. Wenn deine Wünsche nicht erfüllt werden, macht dich das nicht unglücklich.
Wenn du dich vor niemandem mehr verteidigen mußt, fühlst du dich auch nicht mehr dazu gezwungen, dich zu entschuldigen. Noch nicht einmal, dich zu erklären. Du mußt niemand mehr beeindrucken. Du belastest dich nicht damit, was andere sagen oder denken. Es macht dir nichts aus, es trifft dich nicht. Dann wird die Liebe beginnen. Aber erst dann.

13 Zum Wesen der Liebe gehört die Freiheit. Sobald sich Zwang, Kontrolle oder Konflikte einstellen, stirbt die Liebe. Auch die Rose, der Baum und die Lampe läßt dich vollkommen frei sein. Der Baum wird sich nicht bemühen, dich in seinen Schatten zu ziehen, wenn dir ein Sonnenstich droht. Die Lampe wird dir nicht ihr Licht aufzwingen, wenn du im Dunkeln stolperst.

14 „Ein Heiliger ist wie eine Lampe in einem dunklen Zimmer."

Kann eine Lampe sagen, sie leuchtet nur für die Guten, und hält ihr Licht vor den Bösen zurück?

„Ein Heiliger ist wie ein Baum, der Guten und Bösen Schatten spendet. Der Baum spendet allen seinen Schatten: sogar dem, der ihn fällt. Wenn er ein aromatisches Holz hat, wird sein Duft auf der Axt zurückbleiben."

15 Zu lieben bedeutet: Den anderen so zu sehen, wie er ist. Das ist das mindeste, was man von der Liebe verlangen kann. Wie kann ich dich lieben, wenn ich dich nicht sehe? Meist sehen wir uns nicht wirklich, wenn wir uns ansehen. Wir suchen ein bestimmtes Bild.

16 Wenn du dich an negative Gefühle klammerst, wirst du nie glücklich. Ich will damit nicht sagen, daß du nicht auch einmal so etwas empfinden kannst, was man negative Gefühle nennt. Dafür sind wir Menschen! Es wäre nicht normal, würdest du dich nie in Bedrängnis oder niedergeschlagen fühlen, wenn du nie wegen irgendeines Verlustes traurig wärst. Du kannst durchaus negative Gefühle haben. Weißt du aber, was das Schlimmste an ihnen ist? Wenn du dich an sie klammerst.

17 Es bedarf nur eines schmeichelnden oder kritischen Wortes, um das wahre Ich aufzudecken.

18 Eine einfache Methode, eventuell verdrängten Groll freizulegen, ist die Aufstellung einer Liste der Menschen, denen du abgeneigt bist … Wenn das ergebnislos bleibt, stelle eine Liste der Menschen auf, von denen du nicht viel hältst …, oder gar von denen, die du weniger magst als andere …, oder schließlich von denen, die *dich* nicht mögen. Vielleicht führt die Liste zu Überraschungen in Gestalt von Antipathien oder Groll, die du hegen könntest.

Was nun mit der Liste anfangen? Ich würde an deiner Stelle nicht zu abrupt Vergebung üben. Das könnte nur zu erneuter Verdrängung deiner Grollgefühle führen. Häufig hilft es, wenn Groll uns zu schaffen macht, „ihn auszuschwitzen". Ideal wäre es, die Angelegenheit mit dem Menschen, dem man grollt, zu besprechen und sich den Groll von der Leber zu reden.

Dieses Ideal ist leider nicht immer erreichbar, da die betreffenden Personen entweder nicht in der Nähe sind oder, falls sie doch erreichbar sind, einfach nicht imstande wären, konstruktiv zu antworten, wenn du deinem Groll Luft machst.

Das Zweitbeste ist es dann, dem Groll in der Phantasie Luft zu machen. Stell dir vor, du siehst den Betreffenden, dem du grollst, vor dir und „sagst es ihm einmal so richtig". Vergebung ist weder Schwäche noch Feigheit.

19 Liebe ist nicht Begehren. Vor Jahrhunderten sagte Buddha: „Die Welt ist voller Leid. Der Ursprung allen Leids, die Wurzel allen Leids, ist das Begehren. Die Beseitigung des Leids besteht darin, das Begehren zu beseitigen."
Unter Begehren ist das zu verstehen, dessen Befriedigung ich brauche, um mich glücklich fühlen zu können. Und unsere Gesellschaft und Kultur ermutigen uns permanent, dieses Begehren zu schüren. Dadurch werden wir immer mehr auf Unglück und Nicht-Liebe programmiert. Die Welt ist voll Kummer und Leid. Die Wurzel allen Kummers und Leids ist das Begehren. Verschwindet das Begehren, verschwinden Kummer und Leid.

20 Wenn wir uns der Einsamkeit stellen, werden wir bald entdecken, daß es sie gar nicht gibt. Es gibt tatsächlich keine Leere! Dies solltest du dir gut merken. Was du suchst, ist bereits in dir. Wenn du dich dem stellst, was in dir ist, wird bald alles verschwinden, wovor du fliehst, und wird das zum Vorschein kommen, was du suchst. Liebe ist nichts, was unsere Einsamkeit versüßt.

21 Albert Einstein sagte einmal, es sei einfacher, ein Atom zu spalten, als ein Vorurteil zu zerstören. Viele Menschen sind nicht sie selbst, sondern werden irgendwie kontrolliert. Was folgt daraus? Sie werden gleichsam zu Marionetten – verhalten sich, fühlen und handeln mechanisch. Sie haben keine lebendigen Gefühle und kein lebendiges Verhalten und wissen es nicht. Sie reagieren auf Stimmen aus der Vergangenheit, auf Erfahrungen, die sie gemacht haben. Bestimmte Erfahrungen, von denen sie beeinflußt wurden, die sie kontrollierten. Darum sind sie auch nicht frei, nicht lebendig.

22 Wenn du denkst, du seist der, für den dich Freunde und Feinde halten, kennst du dich offensichtlich selbst nicht.

Einem fortschrittlichen Geist, den häufige Kritik entmutigte, sagte der Meister:
„Hör auf die Worte des Kritikers. Er verrät, was deine Freunde vor dir verbergen."
Aber er sagte auch: „Laß dich nicht von dem, was der Kritiker sagt, niederdrücken. Noch nie wurde zu Ehren eines Kritikers ein Denkmal errichtet, wohl aber für Kritisierte."

23 Der Meister erzählte die Geschichte von dem Einbrecher, der an der Tür des Geldschranks, den er gerade knacken wollte, folgenden Hinweis fand: „Bitte verwenden Sie kein Dynamit! Dieser Safe ist nicht verschlossen, Sie brauchen nur den Griff zu drücken!"
In dem Augenblick, da er den Griff betätigte, fiel ein Sandsack von der Decke auf ihn herunter, Scheinwerfer leuchteten draußen auf, und eine Sirene alarmierte die ganze Nachbarschaft.
Als der Meister den Einbrecher später im Gefängnis besuchte, traf er dort einen verbitterten Mann: „Wie konnte ich bloß wieder einem anderen menschlichen Wesen trauen?"

24 Die Gefühle der Verbitterung, des Hasses und der Gehässigkeit vergiften unser Innenleben und tun weh. Und doch stellt man mit Erstaunen fest, wie zäh wir an ihnen festhalten. Manchmal würden wir uns eher von einem Besitz, und mag er noch so kostbar sein, trennen als von einem Groll, den wir gegen jemand hegen.

25 Wo Begehren vorhanden ist, besteht eine Bedrohung. Wo eine Bedrohung lauert, gibt es Angst. Wo es Angst gibt, kann keine Liebe sein. Denn wir hassen, was uns angst macht. Doch die vollkommene Liebe überwindet die Angst. Wo auch immer ein derartiges Begehren vorhanden sein mag, es wird stets von Angst begleitet sein.

26 Es ist sehr gut, aufeinander angewiesen zu sein. Wir leben in gegenseitiger Abhängigkeit. Wir hängen vom Gemüsehändler ab, vom Bäcker, vom Elektriker, vom Busfahrer, von vielen Leuten mit den verschiedensten Berufen. Aber voneinander abhängen, um glücklich zu sein, das ist das Schlimme.

27 Jemand fühlt sich innerlich leer und hat es furchtbar eilig, diese Leere mit jemand anderem zu füllen. Das ist keine Liebe. Um der Leere und Einsamkeit zu entkommen, flüchtet man sich in alle möglichen Aktivitäten, in irgend jemands Arme. Doch Einsamkeit läßt sich nicht durch Kontakt mit anderen heilen, sondern durch Kontakt mit der Wirklichkeit.

28 „Was ist das Höchste, das ein Mensch vollbringen kann?"
„In Meditation versunken sein."
Aber der Meister selbst war selten in Meditation zu sehen. Er war ständig mit Haus- und Feldarbeit beschäftigt, empfing Besucher und schrieb Bücher. Er hatte sogar die Buchhaltung des Klosters übernommen.
„Warum verbringt Ihr dann Eure ganze Zeit mit Arbeit?"
„Wenn man arbeitet, braucht man nicht aufhören zu meditieren."

29 „Was ist das Höchste, das ein Mensch vollbringen kann?"
„In Meditation versunken sein."
„Würde das nicht zur Untätigkeit führen?"
„Es *ist* Untätigkeit."
„Ist Tätigsein also weniger wert?"
„Untätigkeit belebt das Tätigsein. Sonst wäre es tot."

30 Wenn es Liebe ist, wonach du wirklich verlangst, dann brich sogleich auf und fang an zu sehen. Nimm diese Aufgabe ernst. Betrachte einen Menschen, den du nicht magst, und sieh wirklich deine Vorurteile. Betrachte einen Menschen, an dem du hängst, und sieht das Leid, die Sinnlosigkeit, die Unfreiheit, die das Sichanklammern mit sich bringt. Betrachte lange und liebevoll die Gesichter und das Auftreten der Menschen. Nimm dir die Zeit, voll Verwunderung die Natur zu sehen, den Flug eines Vogels, eine blühende Blume, ein gelb werdendes Blatt, einen rauschenden Fluß, den aufgehenden Mond, die Silhouette eines Berges vor dem hellen Nachthimmel. Wenn du das tust, wird sich die harte, schützende Schale, die dein Herz umgibt, öffnen, weicher werden und sich auflösen, und dein Herz wird voll Zartgefühl und Aufgeschlossenheit sein. Die Dunkelheit in deinen Augen wird verfliegen, und deine Sicht wird klar und weit. Endlich wirst du wissen, was Liebe ist.

31 Stell dir vor, du seist gelähmt, und sage: „Die schönsten Dinge des Lebens kann ich tun! Ich habe die schönsten Dinge des Leben." Entdecke, was die schönsten Dinge des Lebens sind. Und du wirst Liebe, Geschmack, Duft, Licht und Klang entdecken. Lausche dem Gesang der Vögel, dem Wind in den Bäumen, den Stimmen deiner Freunde, du wirst ihre Gesichter sehen. Entdecke all diese Dinge, und du wirst das Geheimnis der Dankbarkeit kosten.

Juni

1 Ein Mann fand ein Adlerei und legte es in das Nest einer gewöhnlichen Henne. Der kleine Adler schlüpfte mit den Küken aus und wuchs zusammen mit ihnen auf. Sein ganzes Leben lang benahm sich der Adler wie die Küken, weil er dachte, er sei ein Küken aus dem Hinterhof. Er kratzte in der Erde nach Würmern und Insekten. Er gluckte und gackerte. Und ab und zu hob er seine Flügel und flog ein Stück, genau wie die Küken. Schließlich hat ein Küken so zu fliegen, stimmt's?

Jahre vergingen, und der Adler wurde sehr alt. Eines Tages sah er einen herrlichen Vogel hoch über sich im wolkenlosen Himmel. Hoheitsvoll schwebte er durch die heftigen Windströmungen, fast ohne mit seinen kräftigen goldenen Flügeln zu schlagen. Der alte Adler blickte ehrfürchtig empor. „Wer ist das?" fragte er seinen Nachbarn.

„Das ist der Adler, der König der Vögel", sagte der Nachbar. „Aber reg dich nicht auf. Du und ich sind von anderer Art."

Also dachte der Adler nicht weiter an diesen Vogel. Er starb in dem Glauben, ein Küken im Hinterhof zu sein.

2 Wohin man blickt, überall Kummer, Einsamkeit, Angst, Verwirrung, Zwiespalt in den Herzen der Menschen – innerer und äußerer Zwiespalt.
Angenommen, jemand würde dir einen Weg zeigen, auf dem du all dem entrinnen könnten?
Angenommen, jemand könnte dir sagen, wie diesem gewaltigen Verlust an Energie, Gesundheit und Gefühlen, der von diesen Zwiespältigkeiten rührt, ein Ende bereitet werden kann.
Würdest du dies wollen?
Um frei zu werden, braucht man als Wesentliches:
Widrigkeiten, die den Prozeß der Einsicht fördern.

3 Ein Bär ging in seinem sechs Meter langen Käfig hin und her.
Als die Gitterstäbe nach fünf Jahren entfernt wurden, ging der Bär weiterhin diese sechs Meter hin und her, als ob der Käfig noch da wäre. Für ihn war er da!

Du wirst von geistigen, nicht wirklichen Mauern gefangengehalten.

4 Viele meinen, wenn sie keine Sehnsüchte hätten, wären sie wie ein Stück Holz. In Wirklichkeit würden sie jedoch ihre Verspanntheit verlieren. Befreie dich von deiner Angst zu versagen, von deiner Anspannung, Erfolg haben zu müssen, und du wirst bald du selbst sein. Entspanne. Du wirst dann nicht mehr mit angezogener Handbremse fahren.

5 Dies ist wichtig: sich selbst zu sehen, den Lichtstrahl des Erkennens schonungslos auf die eigenen Beweggründe, Gefühle, Bedürfnisse, Unehrlichkeiten, Selbstsucht, auf deine eigene Neigung zum Kontrollieren und Manipulieren zu richten. Es bedeutet, diese Dinge bei ihrem Namen zu nennen, ungeachtet aller schmerzlichen Entdeckungen und Konsequenzen. Wenn du sowohl ein Bewußtsein von dir und dem anderen erlangt haben, wirst du wissen, was Liebe ist.
Denn dann hast du ein Herz, das lebendig, wach, klar und mitfühlend ist, hast eine klare Wahrnehmungsfähigkeit und das Feingefühl, um jeder Situation und jedem Augenblick genau und angemessen zu entsprechen.

6 Ein italienischer Dichter sagte: „Wir leben in einem kurzen Aufblitzen von Licht; dann kommt die Dunkelheit, und es ist für immer Nacht."
Es ist nur ein Aufblitzen, und wir nutzen es nicht. Wir vertun es mit unserer Furcht, unseren Sorgen, unseren Bedenken, unseren Belastungen.

7 Ein Pendler sprang in New York auf einen Zug und sagte dem Schaffner, er fahre nach Fordham. „Sonnabends halten wir nicht in Fordham", sagte der Schaffner, „aber hören Sie zu. Wenn wir in Fordham die Fahrt verlangsamen, werde ich Ihnen die Tür öffnen, und Sie können hinausspringen. Aber achten Sie darauf, zunächst ein Stück in Fahrtrichtung mitzulaufen, oder Sie fallen platt aufs Gesicht."
In Fordham ging die Tür auf, und der Pendler, der absprang, lief vorwärts. Ein anderer Schaffner, der ihn erblickte, machte die Tür auf und zog ihn in den Zug, als dieser wieder schneller fuhr. „Da haben Sie aber Glück gehabt, Kumpel", sagte der Schaffner. „Dieser Zug hält sonnabends nicht in Fordham."

8 In den eigenen bescheidenen Grenzen kann man Menschen oft am besten helfen, wenn man ihnen aus dem Wege geht.
Dinge zu erledigen ist eine Kunst. Aber sie unerledigt liegen zu lassen ist auch eine Kunst.

9 Ein verzweifelter Patient sagte zu seinem Psychiater: „Wohin ich auch gehe, immer muß ich mich mitnehmen, und das verdirbt mir jeden Spaß."
Wovor du wegläufst und wonach du dich sehnst, beides ist in dir.

10 Wenn du angespannt bist, identifizierst du dich nicht mit deiner inneren Anspannung. Bist du niedergeschlagen, identifizierst du dich nicht mit der Niedergeschlagenheit: „Ich bin nicht diese Niedergeschlagenheit."
Dies ist eine der großen Übungen, die uns der Osten zu geben hat. Ihre Ergebnisse zeigen sich zwar nicht sofort, doch bleiben sie bestimmt nicht aus. Diese Übung sprengt die stärkste aller Fesseln: die Fessel der Illusion und der Tyrannei des Ich.

11 Ein junger Mann unternahm mit seiner Frau eine Autoreise. Er liebte es, schnell zu fahren. Nachdem sie eine Weile die Autobahn entlanggerast waren, nahm seine Frau die Straßenkarte und sagte: „Liebling, wir haben die falsche Autobahn genommen!" Darauf erwiderte der Mann stolz: „Macht nichts, dafür brechen wir gerade einen Rekord."

12 Wieviel Zeit brauchst du für den Weg zur Arbeit? Zwanzig Minuten? Nimm dir einundzwanzig Minuten Zeit. Mag sein, daß mich jetzt der eine oder andere für verrückt hält, aber brauch einundzwanzig!
Wieviel Zeit brauchst du um eine Tasse Kaffe zu trinken? Zehn Minuten? Trink sie in elf!
Beglückwünsche dich für die paar Sekunden, die du allem, was du tust, hinzufügst.
Nach einer Woche wirst du beginnen, mit der Gegenwart in Berührung zu kommen und in ihr zu leben.

13 Denke an ein Ereignis aus der jüngsten Vergangenheit, an etwas, das gestern geschah oder letzte Woche.

Du kannst auch an ein unangenehmes Ereignis denken. Wenn es etwas Unangenehmes ist, umso besser.

Stelle fest, wie du auf diese Erinnerungen reagierst, welche Gefühle sich regen. Was für eine Überzeugung und Einstellung hast du diesem Ereignis gegenüber?

Stelle es nur fest und frag dich, auf welche Stimme du reagierst.

Hab den Mut, dich zu fragen: „Ist das auch nicht die Reaktion von irgend jemand anders in mir? Jemand aus der Vergangenheit, der sich mir eingeprägt hat?" …

Bald wird alles Mechanische verschwinden und das Leben beginnen. Dann wirst du den Unterschied spüren.

14 Gewöhnlich versuchen wir, unsere Einsamkeit dadurch zu heilen, daß wir unsere Gefühle von anderen abhängig machen, daß wir Geselligkeit und Lärm suchen. Das ist keine Heilung. Kehre zu den Dingen zurück, kehre zur Natur zurück, geh in die Berge. Dann wirst du erfahren, daß dein Herz dich in die weite Wüste der Abgeschiedenheit gebracht hat, wo niemand mehr an deiner Seite ist, absolut niemand.
Zuerst wird dir das unerträglich erscheinen. Aber nur deshalb, weil du das Alleinsein nicht gewöhnt sind. Wenn du es schaffst, dort eine Weile zu bleiben, wird dein Herz wird von Freude erfüllt sein und singen: Du bist frei.

15 Wir können den Geist nicht hervorbringen. Wir können nur auf seine Ankunft *warten*. Und das ist etwas, das unserer Menschennatur in unserer Welt von heute sehr schwer fällt. Wir können nicht warten. Wir können nicht stillsitzen. Wir sind zu unruhig, zu ungeduldig. Wir müssen auf den Beinen und unterwegs sein. Wir würden eher stundenlang schwer arbeiten als unter Schmerzen bewegungslos auf etwas warten, das wir nicht im Griff haben; etwas, dessen Eintrittszeit wir nicht kennen. Wir müssen aber warten; so warten und warten und warten wir – aber nichts geschieht … und so ertrinken wir wieder in Geschäftigkeit.
Doch der Geist wird nur denen geschenkt, die warten. …

16 Ein Mann, der sehr stolz auf seinen Rasen war, stand plötzlich vor einer mit Löwenzahn übersäten Wiese. Er versuchte alles nur Denkbare, um den Löwenzahn loszuwerden, aber der kam immer wieder. Schließlich schrieb er an das Landwirtschaftsministerium. Er zählte auf, was er alles versucht hatte, und schloß mit der Frage: „Was soll ich jetzt tun?"
Zu gegebener Zeit kam die Antwort: „Wie wär's, wenn Sie versuchten, ihn schön zu finden und den Löwenzahn zu lieben?"

17 „Ist der Weg zur Erleuchtung schwierig oder leicht?"
„Weder noch."
„Warum nicht?"
„Weil sie dort nicht ist."
„Wie reist man also zu dem Ziel?"
„Man reist nicht. Es ist eine Reise ohne Entfernung. Hört auf zu reisen, und ihr seid da."

18 Der Meister sprach gern darüber, wie Natur und Heiligkeit ineinander verwoben sind. Er saß einmal im Garten, als er ausrief:
„Sieh nur diesen fröhlichen blauen Vogel dort auf dem Ast, wie er hin und her hüpft, sein Lied in die Welt schmettert und sich uneingeschränkter Freude überläßt, weil er nichts von morgen weiß!"

19 Fühle die Hitze oder die Kälte der Luft um dich. Fühle den leichten Wind, wie er deinen Körper streichelt. Fühle die Hitze der Sonne, wie sie deine Haut berührt. Fühle die Struktur des Gegenstandes, den du berührst ..., fühle, ob er warm ist oder kühl ... und sieh selbst, wie sich dein Leben verändert. Spüre, wie du lebendig wirst, weil du in die Gegenwart einkehrst. Wer einmal in diese Technik der bewußten Sinneswahrnehmung eingeübt ist, wird mit Staunen feststellen, wie er sich verändert, zumal wenn er sich bisher häufig Sorgen um die Zukunft gemacht oder sich schuldig für die Vergehen der Vergangenheit gefühlt hat.

20 Stell dir einen Mann vor, der von Geburt an blind ist und fragt: „Was ist das, was man Grün nennt und wovon alle Welt spricht?" Wie würden Sie ihm die Farbe Grün beschreiben? Es ist unmöglich! Er wird fragen: „Ist Grün warm oder kalt? Groß oder klein? Hart oder weich?" Grün ist nichts davon. Die Fragen dieses guten Mannes kommen aus seinen eingeschränkten Erfahrungen.

Aber nehmen wir einmal an, ich sei ein Musiker und sagte: „Ich will Ihnen sagen, wie die Farbe Grün ist: sie ist wie sanfte Musik."

Und eines Tages erlangt er das Augenlicht, und ich frage ihn: „Haben Sie das Grün gesehen?" und er antwortet „Nein".

Weißt du warum? Weil er die Musik gesucht hat! Er war so auf die Vorstellung von Musik fixiert, daß er das Grün nicht erkennen konnte, selbst als er es sah.

21 „Kann ich selbst irgend etwas tun, um erleuchtet zu werden?"

„Genau so wenig wie du dazu beitragen kannst, daß die Sonne morgens aufgeht."

„Was nützen dann die geistigen Übungen, die Ihr vorschreibt?"

„Um sicherzugehen, daß du nicht schläfst, wenn die Sonne aufgeht."

22 Eine falsche Vorstellung ist die, daß wir unserem Glück nachlaufen könnten, daß wir irgend etwas tun könnten, um es zu erreichen.

23 Schnelligkeit ist eine wunderbare Sache, im Prinzip ist nichts gegen sie einzuwenden. Doch wenn Schnelligkeit zur Hast wird, ist sie Gift. Die Japaner kennen ein Sprichwort: „An dem Tag, an dem du zu reisen aufhörst, wirst du angekommen sein."
Ich würde sagen: „An dem Tag, an dem du zu rennen aufhörst, wirst du angekommen sein."

24 Ein Vater, der mit seinen Kindern ein Museum besuchte, sagte: „Macht schon, macht schon! Wenn Ihr ständig stehen bleibt, um jede Kleinigkeit anzuschauen, seht ihr nichts!"
So machen wir es alle. Wir verbringen das liebe, lange Leben damit, Zeit zu sparen, und verschwenden sie doch. Vielleicht verstehen Sie jetzt besser, was Jesus meinte, als er sagte: „Was nützt es einem Menschen, wenn er die ganze Welt gewinnt, dabei aber sein Leben einbüßt?"

25 Sagte der Meister zu dem Geschäftsmann: „Wie der Fisch zugrunde geht auf dem Trockenen, so geht Ihr zugrunde, wenn Ihr Euch verstrickt in den Dingen der Welt. Der Fisch muß zurück in das Wasser – Ihr müßt zurück in die Einsamkeit."
Der Geschäftsmann war entsetzt. „Muß ich mein Geschäft aufgeben und in ein Kloster gehen?"
„Nein, nein. Behaltet Euer Geschäft und geht in Euer Herz."

26 Lebendig sein heißt, man selbst zu sein. In dem Maße, wie du selbst bist, lebst du. Wir könnten fragen: „Bin ich denn nicht ich selbst? Wer wäre ich, wenn ich nicht ich selbst wäre?" Es ist gut möglich, daß du nicht selbst bist, sondern eine Marionette.
Einmal angenommen, du hättest einen Hund, dem wir einen elektronischen Empfänger ins Gehirn einsetzen und dann auf die andere Seite der Welt schicken, nach China zum Beispiel. Dorthin senden wir ihm dann Befehle. Zum Beispiel „Steh!" und der Hund steht auf. „Sitz!" und der Hund setzt sich. „Platz!" und der Hund legt sich hin. Alle würden sich wundern: „Was ist nur mit diesem Hund los?" Du weißt, was los ist: Er funktioniert per Fernsteuerung.
Dieses Bild paßt gut auf Millionen von Menschen.

27 Schüler: Was ist der Unterschied zwischen Wissen und Erleuchtung?

Meister: Wenn du Wissen besitzt, nimmst du ein Licht, um den Weg zu erkennen. Wenn du erleuchtet bist, wirst du selbst zum Licht.

28 „Wie soll ich der Welt helfen?"

„Indem du sie verstehst", sagte der Meister.

„Und wie soll ich sie verstehen?"

„Indem du dich von ihr abwendest."

„Wie soll ich dann der Menschheit dienen?"

„Indem du dich selbst verstehst."

29 Als die Schüler baten, ihnen ein Modell von Spiritualität zu geben, das sie nachahmen könnten, sagte der Meister nur: „Still, lauscht!"

Und als sie auf die Laute der Nacht draußen lauschten, begann der Meister leise den berühmten Haiku zu sprechen:

„Von einem frühen Tod,
zeigt die Zikade sich unbeeindruckt.
Sie singt."

30 Den Schülern, die wissen wollten, welche Art der Meditation er jeden Morgen im Garten praktizierte, sagte der Meister: „Wenn ich aufmerksam schaue, sehe ich den Rosenstrauch in voller Blüte."
„Warum muß man *aufmerksam* schauen, um den Rosenstrauch zu sehen?" fragten sie.
„Damit man wirklich den Rosenstrauch sieht", sagte der Meister, „und nicht die eigene Vorstellung davon."

Juli

1 Man kann sterben, ohne gelebt zu haben. Viele meinen zu leben, weil sie atmen, essen, reden, sich unterhalten und durch die Gegend laufen. Natürlich sind sie nicht tot. Doch leben sie? Sie leben weder noch sind sie wirklich tot. Was heißt es, wirklich lebendig zu sein? Es bedeutet dreierlei: sein eigenes Selbst zu sein, im Jetzt zu sein und hier zu sein.

2 Der Meister wurde gefragt, was er von den Errungenschaften der modernen Technik halte. Seine Antwort war:
Einem zerstreuten Professor fiel in letzter Minute ein, daß er eine Vorlesung halten mußte. Er sprang in ein Taxi und rief: „Los, fahren Sie, so schnell Sie können!"
Als das Taxi in voller Fahrt war, merkte der Professor, daß er dem Fahrer gar nicht das Ziel angegeben hatte. „Wissen Sie denn, wohin Sie möchten?" rief er ihm zu.
„Nein, mein Herr", sagte der Taxifahrer, „aber ich fahre, so schnell ich kann."

3 Wir leben in einer Zukunftskultur, einer Morgen-Kultur; morgen werde ich glücklich sein; morgen werde ich leben. Wenn ich auf das Gymnasium komme, werde ich leben; wenn ich auf die Universität komme, werde ich leben. Und wenn du dann auf der Universität bist, wirst du sagen: „Wenn ich heirate, werde ich leben." Nachdem du geheiratet hast, wirst du sagen: „Wenn die Kinder größer sind, werde ich leben." Wenn die Kinder groß geworden sind, wirst du nicht wissen, was es heißt zu leben! Und wahrscheinlich wirst du sterben, ohne je gelebt zu haben.

4 Jemand fragte den Meister nach dem Sinn eines Satzes, den er gehört hatte: „Der erleuchtete Mensch reist, ohne sich fortzubewegen."
Sagte der Meister: „Setz dich jeden Tag an dein Fenster und beobachte, wie die Szene im Garten hinter deinem Haus ständig wechselt, während die Erde dich auf ihrer Jahresreise rund um die Sonne trägt."

5 Ehrgeizige Menschen versuchen, dich davon zu überzeugen, daß die letzte Stunde verschwendet gewesen ist, wenn du keine Ergebnisse liefern konntest. Der Geist inspiriert dich zu glauben: „Wenn du die letzte Stunde zu nichts genutzt hast, hast du sie gewonnen."

6 „Was muß ich tun, um erleuchtet zu sein?" fragte der wißbegierige Schüler.

„Die Wirklichkeit so sehen, wie sie ist", erwiderte der Meister.

„Gut, und was muß ich tun, um die Wirklichkeit so zu sehen, wie sie ist?"

Der Meister lächelte und sagte: „Ich habe gute Nachricht und schlechte Nachricht für dich, mein Freund."

„Was ist die schlechte Nachricht?"

„Es gibt nichts, was du tun kannst, um zu sehen – es ist eine Gabe."

„Und was ist die gute Nachricht?"

„Es gibt nichts, was du tun kannst, um zu sehen – es ist eine Gabe."

7 Denk an vergangene Ereignisse, angenehme und weniger angenehme. Und sage: „Sie waren zu meinem Besten, sie waren gut!"
Denk an die Dinge, die dir widerfuhren, und sage: „Es ist gut so, es ist gut so …"
Und beobachte, was geschehen wird: Der Glaube verwandelt sich in Freude; der Glaube, daß alles in Gottes Händen liegt und daß uns alles zum Glück gereicht.

8 Stell dir vor, du bist bei einem Konzert und hörst die wunderbarste Musik. Auf einmal fällt dir ein, daß du vergessen hast, den Wagen abzuschließen. Du wirst unruhig. Du kannst weder hinausgehen, um abzuschließen, noch kannst du dich mehr auf die Musik konzentrieren. Und vorbei ist es mit dem Kunstgenuß. Du sitzt in der Zwickmühle. Eine perfekte Momentaufnahme vom Leben der meisten Menschen!

9 Was spielt sich in unserem Innern ab? Stell dir einen Menschen vor, der weder hören noch sehen kann, der taub und blind in einer Welt voll anderer Tauber und Blinder leben würde. In was für einer Welt würde er leben? Käme dieser Mensch irgendwann auf den Gedanken, daß die Dinge, die er berührt, riecht und schmeckt, noch eine andere Dimension haben, ein sichtbares Erscheinungsbild? Und wie wäre es, wenn du ohne den Gebrauch deiner fünf Sinne aufwachsen und dich nur daran halten würdest, was dir die „Pflichten" vorschreiben?

10 Zieh dich in Gedanken an irgendeinen Ort zurück, an dem du glücklich warst. Nimm den Ort in allen Einzelheiten auf: den Ausblick, die Geräusche, die Gerüche, einen Geschmack, eine Berührung. Beobachte, was du fühlst. Kehre dann in die Wirklichkeit zurück. Was fühlst du? Beobachte den Unterschied.

11 Ein alter Mann konnte stundenlang still in der Kirche sitzen. Eines Tages fragte ihn ein Priester, worüber Gott mit ihm spräche. „Gott spricht nicht. Er hört nur zu", war die Antwort. „Was redest du dann mit ihm?" „Ich spreche auch nicht. Ich höre nur zu."

12 Einem Geschäftsmann, der aus der Mühsal des Lebens ins Geldverdienen floh, sagte der Meister:

„Es war einmal ein Mann, der sich vor seinen eigenen Fußstapfen fürchtete. So entschloß er sich, nicht mehr zu gehen, sondern zu laufen, wodurch sich nur die Zahl seiner Fußstapfen verringerte. Was er wirklich tun sollte, war stehenbleiben."

13 „Was muß ich tun, um Erleuchtung zu erlangen?“
„Nichts.“
„Warum nichts?“
„Weil Erleuchtung nicht aus dem Tun kommt – sie geschieht.“
„Dann kann sie nie erreicht werden?“
„Oh doch, das kann sie.“
„Wie?“
„Durch Nichts-tun.“
„Und was soll man tun, um zum Nichts-tun zu gelangen?“
„Was *tut* man, um einzuschlafen oder aufzuwachen?“

14 Kannst du einen Schock verkraften? Dann hör zu: Prüfe dein Leben. Durchforste einmal deineGedanken, und du wirst feststellen, wie sie sich regelmäßig in der Vergangenheit oder in der Zukunft bewegen. Zu erkennen, wie wenig man in der Gegenwart lebt, wie wenig man doch lebendig ist, ist ein Schock.
Sieh es einmal so: Du schälst eine Orange, weil du sie essen möchten. Wenn deine Gedanken nur darauf fixiert sind, die Orange zu essen, weißt, was dann passieren kann? Du wirst die Orange nicht schälen, weil du nicht dort sein wirst, und wenn du die Orange ißt, wirst du sie nicht genießen, weil du irgendwo anders bist.

15 Ein eifriger junger Mann, der gerade seine Prüfung als Klempner bestanden hatte, wurde zu den Niagarafällen mitgenommen. Er betrachtete sie kurz und sagte dann: „Ich glaube, das kann ich in Ordnung bringen."

Manche Dinge läßt man am besten so, wie sie sind.

16 Ein alter und weiser Schiffer lebte davon, Pilger mit seinem Boot zu einem Wallfahrtsort zu bringen. Eines Tages fragte ihn einer der Pilger: „Warst du denn auch schon einmal dort?"
„Nein, bis jetzt noch nicht, denn ich habe noch nicht alles entdeckt, was der Fluß mir zu geben hat. In diesem Fluß finde ich Weisheit, Frieden, finde ich Gott."
Die Pilger hingegen hatten nicht einmal den Fluß wahrgenommen, so sehr waren ihre Gedanken auf den Wallfahrtsort fixiert. Das machte sie für den Fluß blind.
Könnte das nicht auch die Geschichte unseres Lebens sein? Wie man eine Tasse in die Hand nimmt, um Kaffee zu trinken, ohne sie wirklich hochzuheben, weil man nicht dabei ist, und man niemals den Kaffee trinkt, weil man nicht dabei ist, und das in alle Zukunft. Es ist eine Tragödie. Wir verlieren unser Leben!

17 Ein Mann ging zu einem Psychiater, und der diagnostizierte, er sei arbeitssüchtig. Daraufhin mußte er eine zweite Arbeit annehmen, um die Therapie bezahlen zu können.

18 Die Tiere hielten eine Versammlung ab und begannen sich darüber zu beklagen, daß die Menschen ihnen immer wieder Dinge wegnahmen.
„Sie nehmen meine Milch“, sagte die Kuh.
„Sie nehmen meine Eier“, sagte die Henne.
„Sie nehmen mein Fleisch und machen Speck daraus“, sagte das Schwein.
„Sie machen Jagd auf mich wegen meines Öls“, sagte der Wal.
Und so ging es fort. Schließlich sprach die Schnecke. „Ich habe etwas, was sie gerne hätten, und zwar mehr als alles andere. Etwas, was sie mir gerne wegnähmen, wenn sie könnten. Ich habe ZEIT.“

Du hast alle Zeit der Welt, wenn du sie dir nur nimmst. Was hält dich davon ab?

19 „Wünsche dir, glücklich zu sein, was dir auch immer geschehen mag. Darin liegt das Geheimnis!“

20 „Himmel, bist du aber gealtert!“ rief der Meister, als er sich mit einem Jugendfreund unterhalten hatte.
„Man kann nun mal nichts tun gegen das Altern, oder?“ sagte der Freund.
„Nein, das kann man nicht“, stimmte der Meister zu, „aber man muß vermeiden, alt zu werden.“

21 Ein Kaufmann in Bagdad schickte seinen Diener mit einem Auftrag zum Basar. Der Mann kam blaß und zitternd vor Angst zurück.
„Herr“, sagte er, „auf dem Markt traf ich einen Fremden. Als ich ihm ins Gesicht blickte, sah ich, daß es der Tod war. Er wies mit einer drohenden Gebärde auf mich und ging davon. Nun habe ich Angst. Bitte gebt mir ein Pferd, daß ich sofort nach Samarra reiten kann, um mich möglichst weit vom Tod zu entfernen.“
Der Kaufmann war besorgt um den Mann und gab ihm sein schnellstes Roß. Der Diener saß auf und war im Handumdrehen verschwunden.
Später ging der Kaufmann selbst auf den Basar und sah den Tod in der Menge herumlungern. Er ging zu ihm hin und sagte: „Du hast heute morgen vor meinem armen Diener eine drohende Gebärde gemacht. Was sollte das bedeuten?“
„Das war keine drohende Gebärde, Sir“, sagte der Tod. „Es war nur ein erstauntes Zusammenfahren, weil ich ihn hier in Bagdad traf.“
„Warum sollte er nicht in Bagdad sein? Hier wohnt er doch.“
„Nun, mir hatte man zu verstehen gegeben, daß ich ihn heute abend in Samarra treffen würde.“

Die meisten Menschen haben solche Angst zu sterben, daß sie ganz darauf gerichtet sind, den Tod zu vermeiden und dabei nie richtig leben.

22 Ein Mann in den Achtzigern wurde nach dem Geheimnis seines ungeheuren Durchhaltevermögens gefragt.
„Ja“, sagte er, „ich trinke nicht, ich rauche nicht, und ich schwimme täglich eine Meile.“
„Aber ich hatte einen Onkel, der genau das tat, und er starb mit sechzig.“
„Bei Ihrem Onkel lag es wohl daran, daß er nicht lange genug durchhielt.“

23 Wie läßt sich ein Ausweg aus einem Leben finden, das einen nicht erfüllt? Ist das Leben eines Menschen unerfüllt, sucht er nach einem Ausweg. Wo sind aber das Glück und die Liebe – wo ist der Weg, der zum Glücklichsein führt – zu finden? Man braucht dazu weder Lehrbuch, Schriften oder Religionen, genausowenig wie einen Guru oder primitive Rituale. Was wichtig ist, sind die eigenen fünf Sinne. Nimm deinen Körper und deinen Geist. Das ist alles, was du benötigst. In ihnen wirst du alles Notwendige finden, verbunden mit den Fähigkeiten, die Gott dir gegeben hat.

24 „Gibt es wirklich nichts, womit Erleuchtung zu erlangen ist?"
„Schon", sagte der Meister scherzhaft, „du kannst es wie die alte Frau machen, die sich gegen die Waggonwand stemmte, um die Geschwindigkeit des Zuges zu beschleunigen."

25 Sagte der Tourist: „Die Leute in Ihrem Land sind arm. Doch sie scheinen sich nie Sorgen im voraus zu machen."
Sagte der Meister: „Das liegt daran, daß sie nie auf die Uhr schauen."

26 Die Zukunft ist nicht real, sie ist eine Idee in unseren Köpfen. Wer in der Zukunft oder in der Vergangenheit lebt, befindet sich nicht im Jetzt, nicht hier. So wie in der Geschichte von der Familie, die für drei Tage in die Schweiz reisen wollte. Monatelang planten sie die Ferien, und als sie schließlich begannen, verloren sie die meiste Zeit damit, die Rückreise zu planen. Als sie dann in der Schweiz ankamen, hieß es nur noch fotografieren, um die Bilder Freunden zeigen zu können, anstatt die wundervolle Kulisse zu genießen, anstatt die frische Bergluft zu atmen. So besaßen sie Bilder von Orten, an denen sie nie waren.

27 „Das Glück ist ein Schmetterling“, sagte der Meister. „Jag ihm nach, und er entwischt dir. Setz dich hin, und er läßt sich auf deiner Schulter nieder.“
„Was soll ich also tun, um das Glück zu erlangen?“
„Hör auf, hinter ihm her zu sein.“
„Aber gibt es nichts, was ich tun kann?“
„Du könntest versuchen, dich ruhig hinzusetzen, wenn du es wagst.“

28 „Warum reisen Sie so wenig?“ fragte ein Reporter.
„Das Gesicht nur eines Menschen oder nur ein Ding jeden Tag des Jahres anzusehen und dabei immer auf etwas Neues zu stoßen, ist ein weitaus größeres Abenteuer, als irgendeine Reise anbieten kann“, erwiderte der Meister.

29 „Warum ist es für einen Reichen so schwer, in das Himmelreich einzugehen?“
Als Antwort erzählte der Meister die Geschichte von einem Mann, der in seiner Limousine vor einem Hotel vorfuhr und dann auf einer Tragbahre in sein Zimmer gebracht wurde. Der Hoteldiener glaubte, der Mann sei gelähmt, und schaute fragend seine Frau an. „Er ist sehr reich“, sagte sie, „er braucht nicht zu Fuß zu gehen.“

30 Der Meister behauptete, daß der Hauptgrund für das Unglück in der Welt auf die geheime Befriedigung der Menschen zurückzuführen ist, die darin liegt, sich schlecht zu fühlen.
Er erzählte von einem Freund, der zu seiner Frau sagte: „Warum läßt du nicht alles stehen und liegen und machst dir einen schönen Tag, meine Liebe?"
„Ach, du weißt doch genau, mein Lieber, daß ich mich niemals dabei wohl fühlen würde, mir einfach einen schönen Tag zu machen", gab sie gereizt zur Antwort.

31 Wenn man glücklich sein möchte, kann man es augenblicklich sein. Das Glück liegt in diesem Augenblick. Wenn man jedoch noch glücklicher sein will oder glücklicher als die anderen, zeigt man alle Eigenschaften eines unglücklichen Menschen, denn Glück ist unvergleichlich. Solche Wünsche sind unerfüllbar. Man kann nur so glücklich sein wie man selbst ist; das Glück der anderen läßt sich nicht messen.

AUGUST

1 Der alte Mann hatte den größten Teil seines Lebens auf einer Insel verbracht, die als eine der schönsten der Welt galten. Nun war er zurückgekommen, um nach seiner Pensionierung in der Großstadt zu leben. Jemand sagte zu ihm: „Es muß herrlich gewesen sein, so viele Jahre auf einer Insel zu leben, die zu den Wundern dieser Welt gezählt wird."
Der alte Mann dachte ein wenig nach und sagte dann: „Um ehrlich zu sein, wenn ich gewußt hätte, daß sie so berühmt ist, hätte ich sie mir angesehen."

Menschen sind zum Sehen geboren und brauchen es nicht zu lernen.
Sie sollten nur vor Lehren geschützt werden, die sie blind machen.

2 Nach dreißig Jahren gemeinsamen Fernsehens sagte ein Mann zu seiner Frau: „Laß uns heute abend etwas wirklich Aufregendes unternehmen!"
Sofort tauchten vor ihrem Auge Visionen von einer Nacht in der Stadt auf. „Phantastisch", sagte sie, „was wollen wir machen?"
„Wir könnten einmal die Sessel tauschen."

3 Als der Meister gefragt wurde, warum Sehen so schwierig sei, erzählte er diese Begebenheit:

„Nach Rückkehr von einer Reise nach Europa wurde Sam, der in einem Geschäft für Herrenunterwäsche arbeitete, von seinem Kollegen wißbegierig gefragt: ‚Konntest du einen Abstecher nach Rom machen?'

‚Ja, selbstverständlich.'

‚Und hast du den Papst gesehen?'

‚Den Papst gesehen? Ich hatte eine Privataudienz bei ihm!'

‚Was du nicht sagst', rief sein Kollege aus und machte große Augen.

‚Wie sieht er aus?'

‚Ach, ich würde sagen, er hat Größe sechsunddreißigeinhalb', sagte Sam."

4 „Wachen Sie auf, Sir", sagte die Krankenschwester und schüttelte den schlafenden Patienten.

„Was ist los? Ist etwas passiert?" fragte der aufgeschreckte Patient.

„Nichts. Ich habe nur vergessen, Ihnen Ihre Schlaftabletten zu geben."

5 Ein wohlhabender Industrieller sagte zu dem Meister: „Welchen Beruf übt Ihr aus?“
„Keinen“, sagte der Meister.
Der Industrielle lachte verächtlich: „Ist das nicht Faulheit?“
„Du lieber Himmel, nein! Faulheit ist meistens ein Laster sehr aktiver Menschen.“
Später sagte der Meister zu seinen Schülern: „Tut nichts, und alle Dinge werden durch euch geschehen. Nichtstun bedeutet in Wirklichkeit sehr viel Tätigkeit – probiert es!“

6 Andrew Carnegie, einer der reichsten Männer der Welt, wurde einmal gefragt: „Sie hätten doch wohl zu jeder Zeit aufhören können zu arbeiten, wenn Sie gewollt hätten, denn Sie besaßen immer mehr, als Sie brauchten?“
Er erwiderte: „Ja, das stimmt. Aber ich konnte nicht aufhören. Ich hatte vergessen, wie man das macht.“

Viele fürchten, wenn sie erst einmal innehielten, um staunend einem Gedanken nachzuhängen, nicht mehr in Gang zu kommen.

7 Begriffe eignen sich ausgezeichnet dazu, uns im Leben zu führen. Doch sie sind nicht das *Leben*. Dem Leben begegnet man im *Erleben*. Es ist, als würde man eine wunderbare Speisekarte lesen. Sie ist nicht das Essen. Und wenn du die ganze Zeit auf das Lesen der Speisekarte verwendest, wirst du nie satt. Es kann manchmal noch schlimmer kommen: manche essen tatsächlich die Speisekarte. Sie leben von Begriffen und verlieren dabei das Leben.

Wie läßt sich solch ein Verhalten überwinden? Der große weise Krishnamurti sagt uns: „An dem Tag, an dem du deinem Kind den Namen des Vogels lehrst, hört es auf, den Vogel zu sehen." Das Kind sieht dieses flauschige, lebendige Etwas, so geheimnisvoll und vielversprechend. Und wir bringen im bei: das ist ein Spatz. Jetzt hat das Kind einen Begriff: Spatz. Und immer, wenn es dann einen Spatz sieht, wird es sagen: „Ach ja, das kenne ich schon: das ist ein Spatz."

8 Lausche allen Geräuschen, die du in deiner Umgebung wahrnehmen kannst. Kannst du alle hören? Hohe Töne, tiefe Töne, den Klang einer Stimme? Weißt du, was passiert, wenn du das tust? Du kommst zu deinen Sinnen und durch sie zum Erfahren. …

Es gibt einen berühmten Guru, der erleuchtet wurde. Seine Schüler fragten ihn: „Meister, wie hat sich die Erleuchtung auf dich ausgewirkt? Was hat dir die Erleuchtung gebracht?"

Der Guru antwortete: „Gut, wenn ihr wollt, erzähle ich euch, was sie mir gegeben hat: Wenn ich esse, esse ich; wenn ich sehe, sehe ich; wenn ich höre, höre ich. Das hat sie mir gebracht!"

Die Schüler wandten ein: „Aber das machen wir doch alle!"

Worauf der Meister lachend erwiderte:

„Das machen alle? Dann müssen alle erleuchtet sein!"

9 Ein großer König im Morgenland besuchte seinen Meister und sagte ihm: „Ich bin ein äußerst beschäftigter Mann, kannst du mir sagen, was ich tun muß, um mit Gott vereint zu sein? Aber antworte mir in nur einem Satz!"

Darauf entgegnete der Meister: „Ich werde dir sogar nur mit einem einzigen Wort antworten!"

„Und wie lautet dieses Wort?", fragte der König.

Der Meister sagte: „Stille!"

„Und wie kann ich Stille finden?", hakte der König nach.

„Meditation!" gab der Meister zurück. Meditation bedeutet im Verständnis des Ostens, nicht zu denken, jenseits allen Denkens.

Darauf fragte der König: „Und was ist Meditation?"

Der Meister antwortete: „Stille!"

„Wie werde ich sie entdecken?"

„Stille."

„Wie werde ich die Stille entdecken?"

„Meditation!"

„Was ist denn nun Meditation?"

„Stille!"

10 Jeder Weg zu Gott muß auch ein Weg zur Stille sein. Wenn du eines Tages mit Gott vereint sein willst, mußt du mit der Stille beginnen.

11 Stell dir vor, ich betrachte einen Sonnenuntergang, und es kommt ein Bauer vorbei und fragt: „Was machen Sie denn da? Sie sind ja ganz weggetreten!“
Ich antworte: „Ich bin ganz bezaubert von so viel Schönheit!“
Und der gute Mann kommt nun jeden Abend und sucht die Schönheit, fragt sich, wo sie steckt. Er sieht die Sonne am Horizont, die Wolken, die Bäume. Doch wo ist die Schönheit? Er versteht nicht, daß Schönheit keine Sache ist. Schönheit ist eine Art, die Dinge zu sehen. Ich hoffe, daß dir eines Tages die Gabe zuteil werden wird, mit dem Herzen zu sehen. Und daß du beim Betrachten der Schöpfung nichts Sensationelles erwartest.

12 Bedenke: Geräusche sind nur die andere Seite der Stille. Inmitten jedes Geräusches herrscht Stille. Wir können unsere Wahrnehmung von Geräuschen beeinflussen, denn diese hängt davon ab, wie wir ihnen gegenübertreten. Alles kann Harmonie sein, ob wir sie wahrnehmen, hängt allein von uns ab.

13 Wenn ein neuer Schüler zum Meister kam, wurde er gewöhnlich folgendem Verhör unterworfen:

„Weißt du, wer der einzige Mensch ist, der dich im ganzen Leben nie verlassen wird?"

„Wer ist es?"

„Du."

„Und kennst du die Antwort auf jede Frage, die dir je einfallen könnte?"

„Wie lautet sie?"

„Du."

„Und kannst du die Lösung aller deiner Probleme ahnen?"

„Ich gebe auf."

„Du."

14 Der Schüler bat seinen Meister um ein Wort der Weisheit.

Der Meister antwortete: „Setz dich in deine Zelle, und sie allein wird dich die Weisheit lehren."
„Ich habe keine Zelle, ich bin kein Mönch", sagte der Schüler.
„Natürlich hast du eine Zelle: Du mußt nur richtig in dich selbst schauen!"

15 Sagte der Mönch: „Woher kommen diese Berge und Flüsse und die Erde und die Sterne?"

Sagte der Meister: „Woher kommt deine Frage?"
Blicke in dich!

16 Wenn wir einatmen, sagt Gott „Ja" zu uns, akzeptiert er uns, wie wir jetzt sind, mit unserer Vergangenheit und unserer Zukunft. Wenn wir ausatmen, geben wir uns Gott hin, geben wir uns in seine Hände und ergeben uns seinem Willen, und so wird alles Harmonie und Friede.

17 Nur schauen! Beobachte; aber nicht deine Vorstellungen. Betrachte die Schöpfung. Ich hoffe sehr, daß dir diese Gabe zuteil wird, denn du wirst beim Schauen einen Zustand der Ruhe erfahren, und die Stille wird von dir Besitz ergreifen. Dann wirst du sehen können.

18 Wir Menschen sind umgeben von Gott und finden keine Ruhe. Schau die Schöpfung an: Bäume, Vögel, Gras, Tiere, den Himmel, das Meer … Die ganze Schöpfung ist voll Freude! Die ganze Schöpfung ist glücklich! Ja, ich weiß, es gibt Leid, Schmerz, Wachstum, Verblühen, Alter und Tod. All dies ist Teil der Schöpfung, doch du solltest verstehen, was Glück wirklich bedeutet. Nur der Mensch hat Durst, nur das menschliche Herz ist voll Unruhe. Ist das nicht seltsam? Warum ist der Mensch unglücklich, und was läßt sich tun, um Unglücklichsein in Freude zu verwandeln? Weshalb sind die meisten Menschen niedergeschlagen und traurig? Weil sie verdrehte Ideen und falsche Vorstellungen von Freude und Glücklichsein haben.

19 „Der Hauptgrund, warum viele Leute unglücklich sind, ist darin zu suchen, daß sie eine verkehrte Befriedigung aus ihren Leiden gewinnen", sagte der Meister.

Dann erzählte er, wie er einmal auf einer Bahnfahrt im oberen Bett eines Liegewagens die Nacht verbrachte. Es war ihm unmöglich einzuschlafen, da von unten her ständig ein Stöhnen zu hören war: „Ach, bin ich durstig ... ach, bin ich durstig ...!"

Das Stöhnen wollte kein Ende nehmen. Da kletterte der Meister schließlich die Leiter hinunter, ging durch den ganzen Zug zum Speisewagen, kaufte zwei Becher Bier, ging den langen Weg zu seinem Abteil zurück und reichte die beiden Becher dem geplagten Mitreisenden.

„Hier ist etwas zu trinken!"

„Wunderbar, Gott sei Dank!"

Der Meister stieg die Leiter hoch und streckte sich wieder aus. Kaum hatte er die Augen geschlossen, hörte er es von unten her stöhnen: „Ach Gott, *war* ich durstig ... oh, *war* ich durstig!"

20 Der Meister erzählte die Geschichte von dem Hotelbesitzer, der sich bitter über die Folgen beklagte, die der Bau einer neuen Schnellstraße für sein Geschäft mit sich gebracht hatte.
„Hör mal zu“, sagte ihm ein Freund. „Ich kann dich einfach nicht verstehen. Jeden Abend sehe ich das Schild ‚Besetzt‘ vor deinem Hotel.“
„Danach kannst du nicht gehen. Bevor die Schnellstraße gebaut wurde, mußte ich jeden Tag dreißig bis vierzig Leute fortschicken. Jetzt schicke ich nie mehr als fünfundzwanzig weg.“
Fügte der Meister hinzu: „Wenn du entschlossen bist, negativ zu empfinden, sind sogar nichtexistierende Kunden wirkliche Kunden.“

21 Die Schüler saßen am Ufer eines Flusses.
„Wenn ich jetzt den Hang hinunterfalle, muß ich dann ertrinken?“ fragte einer der Schüler.
„Nein“, sagte der Meister. „Nicht wenn du in den Fluß hineinfällst, mußt du ertrinken; wenn du drin bleibst.“

22 Ein Wanderer: „Wie wird das Wetter heute?“
Der Schäfer: „So, wie ich es gerne habe.“
„Woher wißt Ihr, daß das Wetter so sein wird, wie Ihr es liebt?“
„Ich habe die Erfahrung gemacht, mein Freund, daß ich nicht immer das bekommen kann, was ich gerne möchte. Also habe ich gelernt, immer das zu mögen, was ich bekomme. Deshalb bin ich ganz sicher: das Wetter wird heute so sein, wie ich es mag.“

Was immer geschieht, an uns liegt es, Glück oder Unglück darin zu sehen.

23 Die erste falsche Vorstellung, mit der die meisten Menschen durchs Leben gehen, besteht darin, Freude mit Begeisterung, Nervenkitzel, Vergnügen und Unterhaltung gleichzusetzen. In diesem Glauben suchen sie also Betäubung und Rausch; sie mögen ihr Hochgefühl und ihren Nervenkitzel haben, sind dabei aber schon auf dem Weg zur nächsten Phase des Enttäuschtseins und der Niedergeschlagenheit.
Das einzige, woran wir uns berauschen können, ist das Leben. Es ist ein sanftes Rauschmittel, doch mit langanhaltender Wirkung.

24 Der Meister erzählte einmal von einem Nachbarn auf dem Land, der geradezu darauf versessen war, immer neues Weideland zu kaufen.
„Ich wünschte mir, ich hätte mehr Land“, sagte er eines Tages.
„Wozu denn?“ fragte der Meister. „Hast du nicht schon genug?“
„Hätte ich mehr Land, könnte ich mehr Rinder züchten.“
„Und was würdest du mit ihnen tun?“
„Verkaufen und Geld verdienen.“
„Wofür?“
„Um mehr Land zu kaufen und viele Kühe zu züchten.“

25 „Wie geht es Ihren Kindern?“
„Beiden geht es gut, danke.“
„Wie alt sind sie?“
„Der Arzt ist drei und der Rechtsanwalt fünf.“

26 Es gibt zwei Arten von Erziehung: die eine lehrt, den Lebensunterhalt zu verdienen, die andere lehrt zu leben.

27 Stell dir vor, du seist eine Statue in einem Museum. Stell dir vor, daß diese Staue enthüllt, was du in Wirklichkeit bist. Wie müßte sie dann sein?
Stell dir vor, daß sie in einem dunklen Raum steht, in den nach und nach das Licht fällt, so daß die Figur allmählich in ihren Umrissen und in ihrer Gestalt sichtbar wird.
Wie sieht die Statue aus?
Wie siehst du dich?

28 Klein Mary war mit ihrer Mutter am Strand.
„Mammi, darf ich im Sand spielen?"
„Nein, Liebling, da machst du dir nur dein hübsches Kleid schmutzig."
„Darf ich im Wasser spielen?"
„Nein, da wirst du bloß naß und erkältest dich."
„Darf ich mit den anderen Kindern spielen?"
„Nein, da finde ich dich nicht wieder."
„Mammi, kauf mir ein Eis."
„Nein, das ist nicht gut für deinen Hals."
Klein Mary begann zu weinen.
Die Mutter wandte sich zu einer Frau in der Nähe und sagte: „Du lieber Himmel! Haben Sie schon einmal so ein neurotisches Kind gesehen!"

29 Echte Würde wird nicht durch Mißachtung gemindert.

Die Majestät der Niagara-Fälle wird nicht geringer, wenn man hineinspuckt.

30 Zu viele Menschen sind sich meist nur der Gedanken und Phantasien in ihren Köpfen bewußt und viel zuwenig der Tätigkeit der Sinne. Die Folge davon ist, daß sie selten im gegenwärtigen Augenblick leben. Sie halten sich fast immer in der Vergangenheit oder in der Zukunft auf. In der Vergangenheit, wenn sie Fehler bedauern, die sie früher begangen haben, sich wegen vergangener Sünden schuldig fühlen, sich ihre eigenen Leistungen aus der Vergangenheit vor Augen führen, oder Groll hegen wegen der Beleidigungen, die ihnen andere einmal zugefügt haben. Oder in der Zukunft, indem sie mögliches Unheil oder mögliche unerfreuliche Begebenheiten befürchten, sich erwartungsvoll mit Zukunftsfreuden beschäftigen und von zukünftigen Ereignissen träumen. Sich an die Vergangenheit zu erinnern, um aus ihr Gewinn zu ziehen oder um sich von neuem an ihr zu erfreuen; sich mit der Zukunft zu befassen, um sie realistisch zu planen: das hat wertvolle Funktionen, vorausgesetzt, es entfremdet uns nicht zu lange der Gegenwart.

31 Stell dir vor, es ist Abend, und du bist allein …
Du weißt nicht, wieviele Tage du noch leben wirst.

Was empfindest du bei dem Gedanken, daß du nicht mehr lange zu leben hast? Daß du nie mehr arbeiten kannst? …

In der Einsamkeit, in der du dich nun befindest, blicke auf dein Leben zurück. Erinnere dich an einige glückliche Augenblicke …

Erinnere dich an einige traurige Augenblicke …

Was empfindest du jetzt, wenn du dich an traurige und schmerzliche Ereignisse erinnerst?

September

1 Das Leben ist ein Festessen. Das Tragische dabei ist, daß die meisten Menschen den Hungertod sterben.

2 Ich kenne eine Geschichte von ein paar Leuten, die auf einem Floß vor der brasilianischen Küste trieben und am Verdursten waren. Sie ahnten nicht, daß das Wasser um sie herum Süßwasser war. Der Fluß strömte so kraftvoll ins Meer, daß sein Wasser einige Meilen weit vor die Küste gelangte. Deshalb gab es genau dort, wo das Floß trieb, auch Süßwasser. Aber sie wußten es nicht.
Ebenso sind auch wir von Freude, Glück und Liebe umgeben. Die meisten Menschen ahnen es nur nicht, weil sie nichts mehr klar erkennen können, weil sie hypnotisiert sind, weil sie schlafen.

3 „Der Mensch wird schlafend geboren, lebt im Schlaf und stirbt im Schlaf."

Vielleicht kommt man nicht schlafend zur Welt, sondern wach. Doch sobald der Verstand zu arbeiten beginnt, fällt man in Schlaf ... Man bekommt seine Kinder im Schlaf, wickelt im Schlaf große Geschäfte ab, kommt im Schlaf an die Regierung, stirbt im Schlaf, ohne jemals wach geworden zu sein. Spiritualität bedeutet, wach zu werden. Die meisten leben in trunkener Taubheit, als seien sie hypnotisiert oder stünden unter Drogen. Sie wissen nicht, was sie verlieren.
Wie kommt man da heraus? Wie wird man wach?
Wie kannst *du* wissen, ob du schläfst?

4 Eine Geschichte erzählt, wie die Südafrikanischen Diamantminen entdeckt worden sein sollen. Ein Reisender saß auf den Treppenstufen vor der Hütte des Dorfältesten. Müßig schaute er den Kindern zu, wie sie mit kleinen Steinchen spielten, die aussahen wie Murmeln. Er bat ein Kind um eine Murmel, besah sie sich, und ihn traf fast der Schlag vor Freude! Das Steinchen war nämlich ein Diamant. Er sagte zum Dorfältesten: „Meine Kinder spielen auch mit solchen kleinen Steinchen. Bei uns heißen sie Murmeln. Könnte ich vielleicht welche mit nach Hause nehmen? Ich gebe Ihnen dafür auch Tabak."
Der Dorfälteste erwiderte: „Solche Steinchen haben wir millionenweise. Es wäre Diebstahl, wenn ich dafür Tabak annehme. Ich danke Ihnen aber für alles, was Sie mir geben mögen."
Der Mann gab ihm also Tabak, kehrte nach Hause zurück und verkaufte die Diamanten. Es dauerte nicht lange, bis er wiederkam, alle Grundstücke im Umkreis kaufte und einer der reichsten Männer der Welt wurde.
Der springende Punkt bei dieser Geschichte ist: diese Leute verschenkten einen Schatz, ohne es zu wissen. Das ist ein anderes Bild vom Leben.

5 Gewöhnlich drehen sich Sorgen um die Karriere: Ein Geschäftsmann um die fünfzig, der kaum Zeit hat, trinkt in einer Bar ein Bier und sagt: „Schau dir doch mal meine alten Klassenkameraden an, die haben es wirklich geschafft." – Dieser Narr! Was meint er damit: „Sie haben es geschafft?" Vielleicht stehen ihre Namen in der Zeitung. Heißt das wohl, es zu „schaffen"? Einer ist Fabrikdirektor, ein anderer wurde Richter; einer wurde dies, ein anderer das. Narren, alle miteinander!

6 Spiritualität bedeutet nicht, zu wissen, was man braucht, sondern einzusehen, was man nicht braucht.

7 Als wirklicher Philosoph, der er war, glaubte Sokrates, ein weiser Mensch würde instinktiv ein einfaches Leben führen. Er selbst pflegte noch nicht einmal Schuhe zu tragen. Und doch fühlte er sich immer wieder vom Marktplatz angezogen und besuchte ihn oft, um die dort angebotenen Waren zu betrachten.
Als einer seiner Freunde ihn fragte, warum er das täte, sagte Sokrates: „Ich gehe gerne hin, um festzustellen, wie viele Dinge es gibt, ohne die ich phantastisch auskomme."

8 Niemand kann einem etwas nehmen, an das man nie sein Herz hing.

Das Herz des Erleuchteten ist wie ein Spiegel: er hält nichts fest, weist nichts zurück, er empfängt, aber behält nichts für sich.

9 Eine Übung des Loslassens: Denk an deine Kindheit, als du dich so hartnäckig in etwas verbohrt hast, daß du nicht davon losgekommen bist. Du konntest nicht ohne es leben. Denk an etwas, was du als Kind nicht leiden konntest oder gar gehaßt hast, oder an etwas, was du gefürchtet hast. Viele dieser Ängste dauern bis heute. Was ist mit ihnen geschehen? Sie gingen vorüber, oder nicht?

Die Übung geht folgendermaßen: Mache eine Liste der Dinge, von denen du abhängig bist, von denen du beherrscht wirst, der Dinge, denen du nicht entsagen willst. Und sag zu jedem einzelnen: „All das wird vorübergehen." Leg auch eine Liste der Dinge an, die dir mißfallen, die dir unerträglich sind, und sag zu jedem einzelnen: „Auch das wird vorbeigehen."

10 Alle Hindernisse auf unserem Weg zum Glück haben wir selbst errichtet. Bist du dir bewußt, was während all der Jahre für dein Glück ausschlaggebend war?

11 Von einer Reise zurückgekehrt, erzählte der Meister von einer Begebenheit, die er für ein Gleichnis des Lebens hielt.

Während eines kurzen Aufenthalts ging er an einen einladend aussehenden Essensstand, an dem köstliche Suppen, heißer Curry und alle möglichen verlockenden Gerichte angeboten wurden.

Er bestellte eine Suppe.

„Gehören Sie zu dem Bus?“ fragte fürsorgend die Bedienung.

Der Meister nickte.

„Es gibt keine Suppe.“

„Heißen Curry mit gedämpftem Reis?“ fragte der Meister irritiert.

„Nein, wenn Sie zum Bus gehören. Sie können belegte Brote haben. Ich habe den ganzen Morgen gebraucht, um diese Speisen zuzubereiten, und Sie haben kaum zehn Minuten Zeit zum Essen. Ich möchte Sie kein Gericht verzehren lassen, für das Sie nicht die Zeit haben, es zu genießen.“

12 Wenn der Sperling im Wald sein Nest baut, braucht er dazu nur einen einzigen Ast.

Wenn das Wild am Fluß seinen Durst stillt, trinkt es nie mehr, als es vertragen kann.

13 Stell dir vor, du fühlst dich nicht wohl und bist schlechter Laune. Dabei fährst durch eine wunderbare Landschaft. Die Gegend ist herrlich, aber du bist nicht in der Stimmung, etwas aufzunehmen. Ein paar Tage später kommst du wieder an diesem Ort vorbei und rufst: „Nicht zu glauben! Wo war ich nur, daß ich das alles nicht gesehen habe?“

14 Im Kloster gab es keine Uhren. Als sich ein Geschäftsmann über mangelnde Pünktlichkeit beklagte, sagte der Meister: „Bei uns herrscht eine kosmische Pünktlichkeit und keine geschäftliche Pünktlichkeit.“
Der Geschäftsmann sah darin keinen Sinn. Und so fügte der Meister hinzu: „Alles hängt vom Gesichtspunkt ab. Was bedeutet aus der Sicht des Waldes der Verlust eines Blattes? Was bedeutet aus der Sicht des Kosmos der Verlust deines Terminkalenders?“

15 Als der Meister hörte, daß ein Wald in der Nachbarschaft durch Feuer vernichtet worden war, mobilisierte er alle seine Schüler.
„Wir müssen die Zedern wieder anpflanzen“, sagte er.
„Die Zedern“, rief ein Schüler ungläubig aus, „die brauchen doch 2000 Jahre zum Wachsen.“
„In diesem Fall“, sagte der Meister, „gilt es, keine Minute zu verlieren. Wir müssen sofort damit anfangen.“

16 Eine Übung der Akzeptanz: „Herr, erweise mir die Gnade und laß mich ändern, was geändert werden kann, laß mich akzeptieren, was nicht geändert werden kann, und gib mir die Weisheit, den Unterschied zwischen den beiden zu erkennen.“

17 Eines Tages wirst du begreifen, daß du nach dem suchst, was du schon hast", sagte der Meister zu einem eifrigen Schüler.
„Warum sehe ich es dann nicht jetzt?"
„Weil du dich darum bemühst."
„Muß ich mich also nicht anstrengen?"
„Wenn du dich entspannst und ihm Zeit läßt, wird es sich selbst zu erkennen geben."

18 „Erleuchtetsein", erklärte der Meister, als er darauf angesprochen wurde, „ist ein Erwachen."
„Du schläfst immer noch und weißt es nicht."
Dann fuhr er fort und erzählte die Geschichte von der jungvermählten Frau, die sich über die Trinkgewohnheiten ihres Mannes beklagte.
„Warum hast du ihn geheiratet, wenn du wußtest, daß er trinkt", wurde sie gefragt.
„Ich hatte keine Ahnung, daß er trinkt", sagte die junge Frau, „bis er eines Nachts nüchtern nach Hause kam."

19 Der Gouverneur kündigte seinen Besuch an, um im Klostergarten eine Rosenhecke zu besichtigen, die über und über in den exotischsten Farben blühte. Als er vor der Hecke stand, fand er daran nur noch eine einzige Rosenblüte. Er hörte, daß der Meister alle anderen Blüten abgeschnitten hatte, und fragte ihn nach dem Grund.

„Hätte ich sie daran gelassen, hättest du nicht eine von ihnen gesehen", erklärte der Meister.

Und nach einer kurzen Pause fügte er hinzu: „Du hast dich immer mehr an die große Menge gewöhnt, mein Freund. Wann hast du das letzte Mal eine einzelne Person gesehen?"

20 Denke in etwa zehn Minuten an einige wichtige Menschen in deinem Leben … Welche Gesichter steigen sogleich in deinen Gedanken auf? Was empfindest du, während du an jeden einzelnen denkst? …

21 Versuche still zu werden.
Dafür mußt du zu dir zurückfinden.
Komm in die Gegenwart.
Frage dich: Wo bin ich gerade jetzt? Was tue ich? Was denke ich? Was spüre ich in meinem Körper? Wie atme ich?
Stille kann nicht erzwungen oder unmittelbar angestrebt werden.

Suche einfach innere Wachheit – dann wird die Stille sich einstellen.

22 Einem Schüler, der um Weisheit bat, sagte der Meister: „Versuch folgendes: schließ die Augen und stell dir vor, du und alle Lebewesen werden in einen Abgrund geschleudert. Jedesmal, wenn du dich an etwas klammerst, um nicht zu fallen, mach dir klar, daß es gleichfalls fällt ...“
Der Schüler versuchte es und war nie mehr derselbe.

23 „Entschuldigung“, sagte ein Fisch aus dem Ozean zu einem anderen. „Du bist älter und erfahrener als ich und kannst mir wahrscheinlich helfen. Sag mir, wo kann ich die Sache finden, die man Ozean nennt? Ich habe vergeblich überall danach gesucht.“
„Der Ozean“, sagte der ältere Fisch, „ist das, worin du jetzt schwimmst.“
„Das? Aber das ist ja nur Wasser. Ich suche den Ozean“, sagte der jüngere Fisch sehr enttäuscht und schwamm davon, um anderswo zu suchen.

24 Alle, die ihn sahen, erschraken, als Mullah Nasrudin auf seinem Esel durch das Dorf galoppierte.
„Wohin wollt Ihr, Mulla?“ fragten sie.
„Ich suche meinen Esel“, sagte der Mulla, als er vorbeiflitzte.

25 „Wo kann ich Gott finden?“
„Er steht dir genau gegenüber.“
„Warum sehe ich ihn dann nicht?“
„Warum sieht ein Betrunkener nicht sein Haus?“

26 Später sagte der Meister: „Findet heraus, was euch trunken macht. Um zu sehen, muß man nüchtern sein."
„Wie sucht man Einheit mit Gott?"
„Je mehr du suchst, um so größer wird die Entfernung zwischen Ihm und dir."
„Wie überwindet man diese Entfernung?"
„Begreife, daß sie nicht wirklich vorhanden ist."
„Bedeutet das, Gott und ich sind eins?"
„Nicht eins, nicht zwei."
„Wie ist das möglich?"
„Die Sonne und ihr Licht, der Ozean und die Welle, der Sänger und sein Lied – nicht eins. Nicht zwei."

27 Während einer Diskussion über Gotteserfahrung sagte der Meister: „Wenn Gott erfahren wird, verschwindet das Selbst. Wer also wird den Prozeß des Erfahrens durchführen?"
„Ist Gottes-Erfahrung also eine Nicht-Erfahrung?"
„Sie ist wie der Schlaf", sagte der Meister, „und der wird nur erfahren, wenn er zu Ende ist."

28 Auf der Geburtstagsfeier des Meisters lehnte ein Schüler ein bißchen spitz ein Glas Wein ab. Auf seinem Rundgang durch den Saal lief er dem Meister in die Arme. Der Meister zwinkerte mit den Augen und flüsterte ihm zu:
„Du mußt noch manches Interessante lernen, mein Freund."
„Was, zum Beispiel?"
„Zum Beispiel das: Du kannst deinen Gebetsteppich mit Wein tränken, und er wird sich mit Gott vollsaugen."

29 „Ist der Weg zur Erleuchtung schwierig oder leicht?" „Weder noch." „Warum nicht?"
„Weil sie dort nicht ist."
„Wie reist man also zu dem Ziel?"
„Man reist nicht. Es ist eine Reise ohne Entfernung. Hört auf zu reisen, und ihr seid da."

30 Wasser wird dem Fluß entnommen, um Felder zu bewässern. Das Wasser selbst kümmert es nicht, ob es im Fluß oder auf den Feldern ist. So handeln und leben die Erleuchteten, sanft und mächtig im Einklang mit ihrem Schicksal.

Oktober

1 Denk an den gestrigen Tag. Erinnere dich daran, was an diesem Tag alles passiert ist, an ein Ereignis nach dem anderen, und sei für jedes dankbar. Danke. Sage: „Danke! Was für ein Glück ich doch hatte, daß ich das erleben durfte."
Wahrscheinlich wirst du dich auch an unerfreuliche Dinge erinnern. Dann mach Schluß. Denke: „Was mir da passiert ist, geschah zu meinem Besten." Denke so, sag danke, und mach weiter.

2 Eine alte Legende besagt, daß Gott bei der Erschaffung der Welt von vier Engeln angesprochen wurde. Der erste fragte: „Wie machst du das?" Der zweite: „Warum machst du es?" Der dritte: „Kann ich helfen?" Der vierte: „Was ist es wert?"
Der erste war Wissenschaftler; der zweite Philosoph; der dritte Altruist; der vierte Immobilienhändler.
Ein fünfter Engel sah voller Staunen zu und klatschte aus reinem Entzücken Beifall. Das war der Mystiker.

3 Der Tag, an dem du für jede Kleinigkeit in deinem Leben Dankbarkeit empfinden kannst – für den fahrenden Zug; für das Wasser, das aus einem geöffneten Kran fließt; für das Licht, das das Zimmer erhellt, sobald du den Schalter drehst; für die reinen Laken auf deinem Bett – an diesem Tag wird dein Herz mit einer tiefen Zufriedenheit erfüllt sein und beinahe beständige Freude wird dein sein.

4 Die besten Dinge des Lebens sind uns geschenkt: Selbstvermögen, Gesundheit, Liebe, Freiheit und das Leben selbst. Schade nur, daß wir uns an ihnen nicht recht erfreuen. Wir sind zu sehr von dem Gedanken belastet, daß wir nicht genug von sehr nebensächlichen Dingen besitzen: wie Geld, gute Kleider und Ruhm.

5 Eine Gruppe älterer Herren in Japan traf sich regelmäßig, um Neuigkeiten auszutauschen und Tee zu trinken. Es machte ihnen Spaß, teure Teesorten ausfindig zu machen und neue Mischungen zu kreieren, die ihrem Gaumen schmeichelten. Als das älteste Mitglied der Gruppe an der Reihe war, die anderen zu bewirten, servierte er den Tee mit der ausgesuchtesten Zeremonie und verteilte die Teeblätter aus einem goldenen Gefäß. Jedermann war des höchsten Lobes voll und wollte wissen, wie er diese hervorragende Mischung zusammengestellt hatte.
Der alte Mann lächelte und sagte: „Meine Herren, den Tee, den Sie so köstlich finden, trinken die Bauern auf meiner Farm. Die besten Dinge im Leben sind weder teuer noch schwer zu finden."

6 Versuche, dir zu sagen: „Was habe ich doch für ein Glück! Wie dankbar ich dafür bin!"
Weißt du was? Es ist unmöglich, dankbar und zugleich unglücklich zu sein.

7 Der Gedanke, daß alles in der Welt vollkommen ist, überstieg das Maß dessen, womit die Schüler einverstanden sein konnten. So faßte es der Meister in Begriffe, die ihrem Verständnis besser entsprachen. „Gott webt vollkommene Muster mit den Fäden unseres Lebens", sagte er, „sogar mit unseren Sünden. Der Grund, warum wir dies nicht erkennen, liegt darin, daß wir die Rückseite des Teppichs betrachten."
Und noch prägnanter: „Was manche Leute für einen glänzenden Stein halten, erkennt der Juwelier als einen Diamanten."

8 Mach doch einmal folgende Übung – sie ist vielleicht ein bißchen schwierig, aber sehr lohnend: Vergegenwärtige dir dein Leid, deine Eifersucht, deine Schuldgefühle, deine Abneigungen. Frag dich: „Was wäre, wenn ich dies alles einfach beiseite ließe?"

9 Es war einmal ein großer Zenmeister mit dem Namen Ryokan. Er lebte am Fuße eines Berges und führte ein sehr einfaches Leben. Eines Tages, als der Meister fortgegangen war, brach ein Räuber in seine kleine Hütte ein, doch er fand darin nichts, was er hätte stehlen können. Der Räuber wühlte und suchte noch in der Hütte, als der Meister zurückkam und den Einbrecher stellte.
Ryokan sagte: „Du hast einen weiten Weg gemacht, um mich zu überfallen. Du kannst unmöglich mit leeren Händen gehen." Und er gab ihm alle seine Kleider und die Bettdecke obendrein. Verblüfft wie er war, nahm der Räuber die Sachen und verschwand. Daraufhin setzte sich der Meister vor die Tür seiner Hütte, schaute in die helle Mondnacht und dachte sich: „Der Arme! Ich wünschte, ich könnte ihm etwas von diesem zauberhaften Mondschein geben!"

10 Um Frieden zu finden, gibt es kein Sofortrezept.
Man muß ihn mit Ruhe suchen.

11 Hiersein heißt, den Vorrang des Denkens aufzugeben und zu seinen Sinnen zurückzukehren, im wahrsten Sinne des Wortes; nicht mehr zu abstrahieren, sondern zu erleben.

Es gibt eine Geschichte von einem amerikanischen Soldaten im Koreakrieg. Am Erntedanktag, dem größten Feiertag in Amerika, befiehl ihn großes Heimweh. An diesem Tag lud ihn ein Ehepaar, das viele Jahre in Amerika gelebt hatte, zum Essen sein. Schon bei der Begrüßung sah er zu seiner großen Überraschung und Freude, daß es Truthahn gab, sein Lieblingsgericht. Das Essen begann, und er bediente sich großzügig. Doch schon bei den ersten Bissen fing er eine lebhafte Diskussion mit seinen Gastgebern an. Als die Debatte schließlich zu Ende war, war sein Teller leer. Plötzlich merkte der Soldat, daß er das Essen überhaupt nicht genossen hatte und nicht einmal mehr wußte, wie der Truthahn eigentlich geschmeckt hatte. Das nenne ich, zum Hier und Jetzt zu kommen.

12 Kennst du das Problem, sich nicht daran erinnern zu können, wo man etwas hingelegt hat? Kennst du das ständige Angespanntsein bis an den Rand der Erschöpfung? Kennst du den Zustand, sich kaum noch konzentrieren, sich an nichts mehr erinnern zu können? Dies alles sind Symptome dafür, daß du die Gegenwart erfahren mußt.

13 Jedes schmerzliche Ereignis birgt einen Keim von Wachstum und Befreiung in sich. Lenke deine Gedanken in Anbetracht dieser Wahrheit wieder auf dein Leben, und wirf einen Blick auf die eine oder andere Erfahrung, für die du nicht dankbar bist. Versuche darin ein Wachstumspotential zu entdecken, dessen du dir nicht bewußt werden und aus dem du deshalb auch keinen Nutzen ziehen konntest. Nun denke an ein neueres Ereignis, das dir Schmerzen bereitete und das bei dir negative Gefühle hervorgerufen hat. Wer oder was immer diese Gefühle bei dir auch hervorgerufen haben mag: Es war dein Lehrmeister, denn diese Gefühle enthüllten dir vieles über dich selbst, was dir vermutlich gar nicht bewußt war.

14 Denke an einen der glücklichsten Momente in deinem Leben. Was hat du da getan? Du wirst dich erinnern, daß du damals geredet hast, ohne einen Gedanken daran zu verschwenden, was die anderen davon halten könnten. Du hast frei und voller Selbstvertrauen gehandelt. Ob du gefällst, hat keine Rolle gespielt.

15 Wir wurden zum Unglücklichsein erzogen. Man sagte uns: „Denk nach, bevor du redest!“ Wir wurden zu Spezialisten darin, Anerkennung zu erheischen und wurden darauf gedrillt, alles zu zensieren: „Denk zweimal nach, bevor du etwas sagst, zeig bloß nicht deine Gefühle; sage das, was die anderen erwarten; denke, was die anderen denken könnten.“ Und alle Welt fängt an zu sagen, was die anderen denken könnten. Die Folge ist, daß kaum jemand mehr seinen eigenen Gefühlen und dem wirklichen Leben Ausdruck geben kann. … Willst du wirklich dein Glück als das Bemühen definieren, durch „die anderen“ – diesem vagen Begriff – akzeptiert zu werden?

16 Kleine Dinge können einen sehr glücklich machen.

Dies ist die Geschichte eines Gefangenen in einem Nazi-Gefängnis: Der Verhaftete wurde Tag und Nacht gepeinigt und gefoltert. Eines Tages wurde er in eine andere Zelle verlegt, die ein Dachfenster besaß, durch das er am Tag ein Stückchen blauen Himmel sehen konnte und nachts ein paar Sterne. Er war entzückt und schrieb über sein großes Glück nach Haus an seine Familie. So groß war seine Freude.

Ich las diese Geschichte und blickte aus meinem Fenster. Allen Überfluß der Natur sah ich vor mir. Und ich war frei und kein Gefangener, konnte gehen, wohin ich wollte! Ein Gebet der Freude erhob sich in mir, ausgelöst durch diesen armen Gefangenen.

17 Es gibt eine Übung, die manch einem noch schwerfallen wird: Denk an eine frühere Eigenschaft, die dir einmal vergönnt war; an etwas, was du wie deinen Augapfel gehütet hast, zum Beispiel deine Jugend, deine Kraft, deine Schönheit. Sprich auch diese an. Das klingt vielleicht etwas kindisch. Aber hab keine Angst, wie ein Kind zu sein. Du kannst das Königreich finden! Sprich mit jeder Eigenschaft und sage dann: „Es war sehr schön, euch zu haben! Ich bin dafür sehr dankbar, euch in meinem Leben gehabt zu haben! Doch jetzt muß ich gehen, lebt wohl!“

18 Eine Gruppe Touristen fuhr durch eine wunderschöne Gegend. Doch die Vorhänge des Zuges waren zugezogen, so daß keiner der Reisenden die geringste Ahnung hatte, wie es draußen aussah. Sie waren die ganze Zeit damit beschäftigt, darüber zu debattieren, wer auf den Ehrenplatz dürfte, wem diese Ehre nun zustände, wer der Beste sei, wer der Schönste, wer der Begabteste. So ging es fort, bis die Reise vorbei war …
Wenn du jetzt verstehst, bist du frei, dann weißt du, was Spiritualität ist.

19 „Was nützt es einem Menschen, wenn er die Welt gewinnt, dabei aber sein Leben einbüßt?" (Mt 16,26). Stell dir einmal vor, was für ein Gefühl in dir aufsteigt, wenn du die Sonne im Meer versinken oder den Mond hinter den Bäumen aufgehen sahst. Vergleiche das mit dem Gefühl, das dich ergriff, als du gelobt wurdest, Beifall und Zustimmung erhalten hast.
Das erste ist ein „seelisches Gefühl", ein Seligsein, das zweite ein „weltliches Gefühl".
Stell dir einmal vor, was für ein Gefühl dich beherrscht, wenn du einen Erfolg errungen, ein Ziel erreicht hast, wenn du der Erste geworden bist, ein Spiel, eine Wette gewonnen oder *das* schlagende Argument in die Debatte geworfen hast. ... Welche Art Gefühle waren das? Weltliche Gefühle. Vergleiche diese Gefühle mit dem Gefühl der Vertrautheit, der Nähe, der Zusammengehörigkeit, als du mit Freunden zusammengesessen bist, Spaß gehabt und gelacht hast – seelische Gefühle.
Weltliche Gefühle sind keine natürlichen Gefühle. Deine und meine Gesellschaft hat sie erfunden, um uns anzustacheln und zu kontrollieren. Diese Gefühle machen einen nicht wirklich glücklich, sondern erregt, leer und ängstlich.

20 Der Meister erzählte einmal von einer kostbaren antiken Schale, die bei einer öffentlichen Versteigerung ein Vermögen einbrachte. Ein Landstreicher, der in Armut gestorben war, hatte damit um Almosen gebettelt, ohne ihren Wert zu ahnen.
Als ein Schüler den Meister fragte, was die Schale bedeuten sollte, sagte der Meister: „Dein Selbst."
Man bat ihn, das näher zu erklären. Er sagte: „Ihr verschwendet eure Aufmerksamkeit auf Kleinkram, den ihr als Wissen bei Lehrern und aus Büchern sammelt. Ihr tätet besser, die Schale zu beachten, in der ihr dieses Wissen aufnehmt."

21 Stille kann man nicht unmittelbar herbeiführen oder aufsuchen, man kann lediglich in sich selbst die Aufmerksamkeit auf etwas ganz Bestimmtes konzentrieren, dann wird Stille einkehren.

22 Denk an einige Menschen, die du einmal geliebt hast und die heute nicht mehr bei dir sind, sei es, weil du dich von ihnen getrennt hast, sei es, weil sie gestorben sind.
Sprich mit jedem oder jeder einzelnen, und sage: „Ich hatte das Glück, dir in meinem Leben begegnet zu sein. Wie dankbar bin ich dir! Ich werde dich immer lieben! Und jetzt muß ich gehen, lebe wohl. Wenn ich mich an dich binde, werde ich nicht lernen, die Gegenwart zu lieben; werde ich nicht lernen, die Menschen zu lieben, mit denen ich zusammen bin. Lebewohl!"
Merkst du, wie schmerzhaft das sein kann?
Dann denk an ein paar gute Erfahrungen, die du gemacht hast, und sprich sie wie einen Menschen an. Denk an jede einzelne und sag: „Wie wunderbar war es doch, dich zu haben. Dafür bin ich sehr dankbar! Aber jetzt lebe wohl!"

23 Kehre zu einem Lebensaugenblick zurück, in dem du dich tief geliebt wußtest ... Wie drückte sich diese Liebe zu dir aus? In Worten, Blicken, Gesten, in einer Hilfe, einem Brief? ... Verweile bei diesem Augenblick, solange du etwas von der Freude spürst, die dir diese Liebe gab.
Kehre zu einem Augenblick zurück, in dem du Freude empfunden hast ... Wie kam diese Freude zustande? Durch eine gute Nachricht, die Erfüllung eines Wunsches, den Anblick der Natur? ... Erlebe den Augenblick nach und spüre, was du damals gefühlt hast, von neuem ... Verweile bei diesem Augenblick, solange du kannst ... Du wirst entdecken, daß du aus diesen Erfahrungen frische Kraft gewinnst, sooft du sie wiederbelebst.

24 „Härtet Leiden einen Menschen nicht ab?" fragte ein Schüler den Meister. „Was zählt, ist nicht das Leiden, sondern die Disposition des einzelnen, denn Leiden kann süß oder bitter machen, genauso wie das Feuer des Töpfers den Lehm verkohlen oder hart machen kann."

Erinnere dich an eine Begebenheit in deiner Vergangenheit, die für dich besonders schmerzlich und traurig war. Vergegenwärtige dir dein damaliges Erlebnis in allen Einzelheiten.

25 Wie uns die Psychologen sagen, ist man so, wie man meint, daß man sei. Kannst du dir etwas Geisterfüllteres oder Göttlicheres vorstellen als das? Daß man das Gute in jemand sieht, ihm dies zu verstehen gibt, und er sich dadurch ändert. Er wird neu erschaffen. „Wer liebt, erschafft die Liebe." Man sieht die Schönheit, und indem man sie sieht, kommt sie zum Vorschein.

26 Wie leicht fallen wir auf Werturteile anderer herein und formen uns nach ihnen ein Bild von uns selbst. Um wahrhaft frei zu sein, mußt du zwar auf die sogenannten guten und bösen Dinge hören, die man dir erzählt, aber nicht mehr dabei empfinden als ein Computer, dem Daten eingegeben werden. Denn was man über dich sagt, enthüllt mehr von dem, der es sagt, als von dir.

27 Warum sollte man so sehr davon abhängen, was die anderen denken? Warum sich hemmen lassen? In dem Maße, wie die Gefühle strömen werden, wirst du auf die anderen nicht mehr angewiesen sein noch wirst du deren Meinungen fürchten, ausgesprochene oder unausgesprochene. Du wirst so viel innere Anmut und so viel inneren Reichtum haben, in dir wird so viel Leben und Gefühl sein, daß du dich manchmal fragen wirst, ob du andere wirklich brauchst. Sobald du keine Angst mehr vor einem bestimmten Menschen hast, wirst du frei sein.

28 Plutarch erzählt die Geschichte von Alexander dem Großen, der zu Diogenes kommt, als dieser gerade aufmerksam einen Haufen menschlicher Knochen betrachtet.
„Was sucht Ihr?" fragte Alexander.
„Etwas, das ich nicht finden kann", sagte der Philosoph.
„Und was ist das?"
„Den Unterschied zwischen den Knochen Eures Vaters und denen seiner Sklaven."

29 Der Meister ließ sich nie von Diplomen und Examen beeindrucken. Er prüfte den Menschen, nicht das Zeugnis.
Man hörte ihn einmal sagen: „Wenn ihr Ohren habt, einen Vogel singen zu hören, braucht ihr seine Referenzen nicht anzusehen."

30 Wenn dein Herz instinktiv auf anderer Menschen Freuden und Leiden antwortet, weißt du, daß du dein Selbst verloren und dein Eins-Sein mit dem Menschengeschlecht erfahren hast. Dann endlich ist Liebe eingekehrt.

31 „Wie soll ich mein Einssein mit der Schöpfung erfahren?"
„Durch Lauschen", sagte der Meister.
„Und wie soll ich lauschen?"
„Werde zu einem Ohr, das jeder Äußerung des Universums Beachtung schenkt. In dem Augenblick, in dem du etwas hörst, was du selbst sagst, stop!"

November

1 Die Mystiker und Dichter Indiens fragen sich immer wieder, was ein Heiliger sei und kommen dabei auf die wunderschönsten Antworten:
„Ein Heiliger ist wie eine Rose."
Haben Sie schon einmal eine Rose sagen hören: „Ich verströme meinen Duft nur für die guten Menschen, die an mir riechen, den Bösen werde ich meinen Duft vorenthalten?"
Nein, niemals. Es liegt in der Natur der Rose zu duften.

2 Einem Schüler, den der Gedanke vom Leben nach dem Tode nicht losließ, sagte der Meister: „Warum auch nur einen Augenblick mit dem Gedanken an das Danach verschwenden?"
„Aber ist es denn möglich, das nicht zu tun?"
„Ja."
„Wie?"
„Indem man hier und jetzt im Himmel lebt."
„Und wo ist dieser Himmel?"
„Im Hier und Jetzt."

3 „Manche Leute behaupten, es gäbe kein Leben nach dem Tod“, sagte ein Schüler.

„Tun sie das?“ fragte der Meister unverbindlich.

„Wäre es nicht furchtbar zu sterben, ohne jemals wieder zu sehen, zu hören, zu lieben oder sich zu bewegen?“

„Findest du das furchtbar?“ erwiderte der Meister. „Das ist doch bei den meisten Menschen so, noch bevor sie gestorben sind.“

4 Die Menschen zu lieben heißt: auch ohne sie vollkommen glücklich zu sein, ohne Angst, jemandem weh zu tun, ohne das Bestreben, zu beeindrucken, ohne die Furcht, sie könnten einmal aufhören, einen zu mögen und einen verlassen. Egal, was andere sagen oder tun, du lebst in Frieden. Fülle deine Leere nicht mit Menschen, und nenn es dann auch noch Liebe.

5 Eines der meistzitierten Worte der christlichen Literatur ist dieser Satz des heiligen Augustinus aus seinen „Bekenntnissen“: „Unruhig ist unser Herz, bis es ruht in dir, mein Gott.“
Immer, wenn ich diesen Satz lese oder höre, fällt mir ein Ausspruch einer der größten mystischen Dichter Indiens, Kabir, ein. Von ihm stammt ein wunderschönes Gedicht, das mit den Worten beginnt: „Ich lachte, als man mir sagte, daß ein Fisch im Wasser Durst leidet.“ Stellen Sie sich das bildlich vor: ein durstiger Fisch mitten im Wasser! Wie ist das möglich?

6 Mach eine Liste von all deinen Wünschen, soweit du dich an sie erinnern kannst: große und kleine Wünsche, „romantische“ Wünsche, alltägliche …
Mach eine Liste von einigen Problemen, mit denen du ringst: Probleme in der Familie, bei der Arbeit, persönliche Probleme …
Frage dich nun: Erlaube ich Gott, bei der Erfüllung meiner Wünsche mitzuhelfen? Welche Art von Hilfe leistet er? Bin ich damit zufrieden? Ist er damit zufrieden?
Frage dich dann: Welchen Anteil gebe ich Gott bei der Lösung meiner gegenwärtigen Probleme? Wie stark vertraue ich darin auf Gott? …

7 „Schaut euch nicht suchend um nach Gott“, sagte der Meister. „Schaut einfach – und alles wird sich zeigen.“

„Aber wie soll man schauen?“

„Jedes Mal, wenn du etwas ansiehst, sieh’ nur das, was da ist und nichts sonst.“

Die Schüler waren verwundert, also sagte der Meister es einfacher: „Wenn ihr z. B. den Mond betrachtet, seht nur den Mond und nichts sonst.“

„Was könnte man denn noch sehen außer dem Mond, wenn man den Mond betrachtet?“

„Jemand, der Hunger hat, könnte einen Käselaib sehen, ein Liebender das Gesicht seiner Geliebten.“

8 „Hier sitze ich neben dir“, sagte Gott zu seinem eifrigen Anhänger, „und du zerbrichst dir den Kopf weiter über mich, bemühst deine Zunge, um über mich zu reden, und Bücher, um über mich zu lesen. Wann wirst du endlich still und spürst mich?“

9 Jemand fragte den Meister, warum er der Religion gegenüber so argwöhnisch sei. „Ist denn Religion nicht das Erhabenste, was die Menschen besitzen?“ Die Antwort des Meisters war schleierhaft: „Das Beste und das Schlechteste – das ist es, was dir die Religion gibt.“ „Warum das Schlechteste?“ „Weil die Leute meistens gerade genug Religion annehmen, um zu hassen, aber nicht genug, um zu lieben.“

10 Religion ist keine Frage von Ritualen oder wissenschaftlichen Studien. Auch ist sie keine Art Kult und kein Vollbringen guter Taten. Bei der Religion geht es darum, die Unreinheit des Herzens zu tilgen. Das ist der Weg zur Begegnung mit Gott.

11 Ein junger Mann besuchte einen großen Sufi-Meister und sagte zu ihm: „Meister, mein Vertrauen in Gott ist so groß, daß ich es für überflüssig hielt, mein Kamel vor der Tür anzubinden. Ich überlasse es der göttlichen Vorsehung, Gott wird schon Sorge tragen.“
Der Meister gab zurück: „Geh sofort hinaus und binde dein Kamel an, du Narr! Man muß Gott nicht mit Dingen belästigen, die man selbst erledigen kann.“

12 „Wie soll ich Ewiges Leben erlangen?"
„Ewiges Leben ist heute und jetzt. Lebe in der Gegenwart."
„Aber ich *bin* in der Gegenwart oder nicht?"
„Nein."
„Warum nicht?"
„Weil du deine Vergangenheit nicht abgeworfen hast."
„Warum sollte ich meine Vergangenheit abwerfen? Nicht alles an ihr ist schlecht."
„Die Vergangenheit muß abgeworfen werden, nicht weil sie schlecht ist, sondern weil sie tot ist."

13 „Wann werde ich erleuchtet?"
„Wenn du *siehst*", sagte der Meister.
„Was sehen?"
„Bäume und Blumen, Mond und Sterne."
„Aber die sehe ich jeden Tag."
„Nein, was du siehst sind Papierbäume, Papierblumen, Papiermonde und Papiersterne. Denn du lebst nicht in der Wirklichkeit, sondern in deinen Worten und Gedanken."
Und um ganz genau zu sein, fügte er noch sanft hinzu: „Du lebst leider ein Papierleben und wirst einen Papiertod sterben."

14 „Warum sprichst du ständig von meinen früher begangenen Fehlern?“ sagte der Ehemann. „Ich dachte, du hättest sie vergeben und vergessen.“
„Ich habe tatsächlich vergeben und vergessen“, antwortete die Ehefrau, „aber ich möchte sicher sein, daß du nicht vergißt, daß ich vergeben und vergessen habe.“

15 Wenn du einen Fehler gemacht hast oder zurückgewiesen worden bist, empfindest du eine schreckliche Leere. In dieser Einsamkeit schleppst du dich dahin und bettelst um die Droge „Ermutigung“ oder „Akzeptiertsein“ und wirst nach wie vor kontrolliert. Gibt es einen Ausweg? Eine Folge dieser Droge ist, daß du die Fähigkeit verloren hast, zu lieben. Weißt du, weshalb? Weil du die Menschen nicht mehr sehen kannst. Du registrierst nur noch, ob man dich akzeptiert und ob man dir zustimmt. Du unterscheidest die Menschen nach den Kategorien: gefährlich oder förderlich für deine Droge.
Wie kommt man davon weg? Man muß sich dem Schrecken stellen. Du mußt verstehen lernen, wieso du nicht ohne das Plazet der anderen leben kannst

16 Denk an jemanden, den du innig liebst. Stell dir vor, er oder sie sitzt vor dir, du sprichst liebevoll mit ihm. Sag ihm, was er für dich und für dein Leben bedeutet, in das er getreten ist. Während dessen mach dir bewußt, was du fühlst. Wenn du dich richtig in Feuer geredet hast, geh zu der nächsten Übung über:
Denk an jemanden, den du nicht magst. Du stehst vor ihm, schaust ihn an und versuchst, irgendetwas Gutes an ihm zu entdecken. Bemühe dich, das Gute zu sehen. Sollte es dir schwerfallen, dann stell dir vor, Jesus steht neben dir und blickt diesen Menschen an. Er wird dein Lehrer in der Kunst des Schauens werden, in der Kunst des Liebens. …
Ein guter Mensch sieht überall das Gute. Ein schlechter Mensch sieht das Schlechte, denn man sieht sich selbst in den anderen, oder etwa nicht? Ein Spiegelbild seiner selbst.

17 Ein älterer Mann stand mit einem Stück Kuchen in der Hand vor der Tür: „Meine Frau wird heute 86“, sagte er, „und ich soll Ihnen ein Stück Geburtstagskuchen bringen.“ Der Kuchen wurde dankbar in Empfang genommen, besonders weil der Mann fast eine halbe Meile gelaufen war, um ihn zu überbringen.
Eine Stunde später stand er wieder vor der Tür. „Ist etwas passiert?“ wurde er gefragt. „Nun ja“, sagte er verlegen, „Agatha hat mich zurückgeschickt, um zu sagen, sie sei erst fünfundachtzig.“

18 Der Meister ging die Straße entlang, als ein Mann aus einem Hauseingang stürzte, so daß beide heftig zusammenprallten.
Der Mann war außer sich. Er tobte und warf mit beleidigenden Worten um sich. Der Meister machte eine kleine Verbeugung, lächelte freundlich und sagte: „Mein Freund, ich weiß nicht, wer von uns beiden an diesem Zusammenstoß schuld ist, doch bin ich nicht geneigt, Zeit zu vertun, um dies herauszufinden. Sollte ich an Sie gerannt sein, bitte ich um Entschuldigung; sollten Sie an mich gerannt sein, so können Sie es vergessen."
Nach erneutem Lächeln und kurzer Verbeugung ging er weiter.

19 Ein besorgtes Ehepaar klagte dem Meister, ihr Sohn habe die religiösen Traditionen der Familie aufgegeben und sich zum Freidenker erklärt.
Sagte der Meister: „Kein Grund zur Sorge. Wenn der Junge wirklich für sich selbst denkt, wird der Mächtige Wind sich erheben und ihn dorthin tragen, wohin er gehört."

20 Du hast die Wahl: Liebe oder etwas wollen; frei sein oder wollen, daß sich die anderen ändern.

21 Ich kenne eine Geschichte von einer Frau, die glaubte, sie habe Gotteserscheinungen. Also ging sie zum Bischof, um sich von ihm Rat zu holen. Der Bischof legte ihr nahe: „Sie mögen an Erscheinungen glauben. Haben Sie aber dafür Verständnis, wenn ich als Bischof oder Diözese darüber entscheide, ob Ihre Erscheinungen echt oder falsch sind."
„Durchaus, Exzellenz!"
„Sie werden also tun, was ich von Ihnen verlange?" „Das werde ich, Exzellenz."
„Also hören Sie gut zu: Wenn Sie sagen, daß Ihnen Gott erschienen ist und er Ihnen das nächste Mal erscheint, werden Sie eine Probe machen. Dadurch werde ich wissen, ob es wirklich Gott ist." „Einverstanden, Exzellenz. Aber wie geht die Probe?"
„Sagen Sie zu Gott: ‚Bitte offenbare mir die persönlichen und privaten Sünden des Herrn Bischofs!' Wenn es wirklich Gott ist, der Ihnen erscheint, wird er Ihnen meine Sünden offenbaren. Dann kommen Sie wieder und erzählen mir alles – aber sonst niemandem! In Ordnung?" „Ich werde alles so machen, Exzellenz."
Einen Monat später bat die Frau erneut um einen Termin beim Bischof. Er fragte sie: „Und, ist Gott Ihnen wieder erschienen?" „Ich glaube schon, Exzellenz."
„Und haben Sie ihm die Frage gestellt, so wie ich es Ihnen gesagt habe?" „Gewiß, Exzellenz."
„Und was hat Gott gesagt?" „Gott sagte mir: ‚Geh zum Bischof und teile ihm mit, daß ich alle seine Sünden vergessen habe!'"

22 Eine der irritierendsten und zugleich schönsten Lehren des Meisters war diese: Gott ist den Sündern näher als den Heiligen ... Er erklärte diese Behauptung so: Gott, dort oben im Himmel, hält uns alle an einem Bindfaden. Bei jeder Sünde schneiden wir den Faden durch; doch Gott knotet ihn wieder fest zusammen. Weil aber der Faden durch die Knoten kürzer und kürzer wird, kommen wir Gott immer ein kleines Stückchen näher. So ist jede Sünde ein Schnitt, und jedem Schnitt entspricht ein Knoten. Und jeder Knoten bringt uns Gott näher.

23 Der Meister konnte sehr kritisch sein, wenn er glaubte, daß Kritik angebracht war.

Doch zum Erstaunen aller nahm ihm niemand seine Rügen übel. Als er einmal darauf angesprochen wurde, sagte er: „Es hängt davon ab, wie man es macht. Menschliche Wesen sind Blüten: offen und empfänglich für sanft fallenden Tau, verschlossen für kräftigen Regen.“

24 Der erste Akt der Liebe besteht darin, diesen bestimmten Menschen oder dieses bestimmte Objekt, diese Wirklichkeit so zu sehen, wie sie in Wahrheit ist. Und dies betrifft die große Disziplin, von den eigenen Sehnsüchten abzulassen, von deinen Vorurteilen, deinen Erinnerungen, deinen selektiven Sichtweisen. Es ist eine so strenge Disziplin, daß die meisten sich viel lieber kopfüber in gute Taten stürzen würden, als sich dem brennenden Feuer dieser Askese zu unterwerfen.

25 Ein Guru fragte seine Schüler, wie sie das Ende der Nacht vom Beginn des Tages unterscheiden könnten.

Einer sagte: „Wenn man in der Entfernung ein Tier sieht und erkennt, ob es eine Kuh oder ein Pferd ist."

„Nein", sagte der Guru.

„Wenn man in der Entfernung einen Baum sieht und erkennt, ob es ein Paternosterbaum oder ein Mango ist."

„Wieder falsch", sagte der Guru.

„Also, wie dann?" fragten die Schüler.

„Wenn man in das Gesicht eines Mannes blickt und darin seinen Bruder erkennt; wenn man in das Gesicht einer Frau blickt und in ihr seine Schwester erkennt. Wer dazu nicht fähig ist, für den ist – wo immer die Sonne auch stehen mag – Nacht."

26 Solltest du Schwierigkeiten mit deinen Mitmenschen haben, dann mach dich auf einen Schock gefaßt: mit dir selbst stimmt etwas nicht. Es gibt keine Schwierigkeiten im Umgang mit anderen. Wenn du dich selbst änderst, ändert sich auch alles andere. Wenn du loslassen kannst, werden sich die Menschen ändern. Du siehst die anderen nicht so, wie sie sind, sondern so, wie du selbst bist! Wenn mich jemand ärgert, mir auf die Nerven geht, stimmt etwas mit mir nicht. Ich muß mich ändern. ... Wie kann ich jemandem die Macht geben zu entscheiden, ob ich fröhlich oder traurig bin?

27 Wahre Toleranz entsteht nur aus einem wachen Bewußtsein für die abgrundtiefe Unwissenheit, die alle, was die Wahrheit betrifft, an den Tag legen. Denn Wahrheit ist im wesentlichen ein Geheimnis.

28 „Deine religiösen Lehrer sind genauso blind und konfus wie du“, sagte der Meister. „Werden sie mit den Problemen des Lebens konfrontiert, begegnen sie ihnen mit Antworten aus einem Buch. Das Leben ist aber zu groß, um in ein Buch zu passen.“
Um dies zu erklären, erzählte er die Geschichte von einem Rowdy, der sagte: „Halt, Überfall! Her mit dem Geld oder etwas anderem!“
„Oder was anderem?“
„Bringen Sie mich nicht durcheinander, he! Das ist mein erstes Ding, das ich drehe.“

29 Ein untrügliches Zeichen der Erleuchtung: Was Mitmenschen denken oder sagen, ist einem völlig gleichgültig.

Ein Möbelfabrikant schickte einem seiner Kunden folgenden Brief: „Lieber Mr. Jones,
was würden Ihre Nachbarn denken, wenn wir einen Möbelwagen zu Ihrem Haus schickten, um die Möbel, die Sie noch nicht bezahlt haben, wieder abzuholen?“
Er bekam folgende Antwort: „Dear Sir, ich habe die Angelegenheit mit meinen Nachbarn besprochen, um zu erfahren, was sie denken würden. Alle hielten es für einen ganz gemeinen Trick einer schäbigen, fiesen Gesellschaft.“

30 Der Meister klagte über die Übel des Konkurrenzkampfes.

„Holen Wettbewerb und Konkurrenzkampf nicht das Beste aus uns heraus?“ fragte jemand.

„Sie holen das Schlimmste heraus, denn sie lehren dich das Hassen.“

„Was hassen?“

„*Dich selbst* – denn du läßt zu, daß deine Aktivität von deinem Konkurrenten bestimmt wird und nicht von deinen Erfordernissen und Grenzen. *Andere* – denn du versuchst, auf ihre Kosten vorwärtszukommen.“

„Das hieße dann aber, alle Veränderung und allen Fortschritt zu Grabe zu tragen“, erhob einer Widerspruch.

Sagte der Meister: „Der einzige Fortschritt, den es gibt, ist der Fortschritt der Liebe. Die einzige Veränderung, die wert ist, erstrebt zu werden, ist die Veränderung des Herzens.“

Dezember

1 „Wie kann ich ein großer Mensch werden – wie Ihr?"
„Warum ein großer Mensch sein?" sagte der Meister.
„Mensch sein, ist schon Leistung genug."

2 „Eines Tages wirst du begreifen, daß du nach dem suchst, was du schon hast", sagte der Meister zu einem eifrigen Schüler.
„Warum sehe ich es dann jetzt nicht?"
„Weil du dich darum bemühst."
„Muß ich mich also nicht anstrengen?"
„Wenn du dich entspannst und ihm Zeit läßt, wird es sich selbst zu erkennen geben."

3 Einige große Mystiker sagen uns, daß sie auf geheimnisvolle Weise mit einer tiefen Ehrfurcht gefüllt werden, wenn sie den Zustand der Erleuchtung erlangen. Ehrfurcht vor Gott, Ehrfurcht vor dem Leben in jeder Form und auch Ehrfurcht vor der unbelebten Schöpfung. Und sie neigen dazu, die gesamte Schöpfung zu personalisieren. Sie behandeln die Menschen nicht mehr wie Dinge. Sie behandeln die Dinge nicht mehr wie Dinge – sogar die Dinge sind für sie Personen geworden –, und die Folge ist, daß ihre Ehrfurcht und Liebe für die Menschen tiefer wird. Franz von Assisi war ein solcher Mystiker. Er sprach Sonne, Mond, Sterne, Bäume, Vögel, Tiere als „Brüder" und „Schwestern" an. Sie waren Mitglieder seiner Familie, und er sprach liebevoll mit ihnen. Der heilige Antonius von Padua predigte sogar den Fischen! Eine verrückte Sache natürlich, von unserem rationalen Standpunkt aus gesehen. Doch vom mystischen Standpunkt ist diese Personalisierung und Heiligung der Fische von tiefer Weisheit.

4 Liebe ist keine Beziehung. Sie ist ein Zustand.
Bist du im Zustand der Liebe?
Lebst du die Liebe?

5 Die Liebe gab es schon lange vor den Menschen. Bevor es dich selbst gab, gab es bereits die Liebe. Ist das Auge frei, kann man sehen. Um zu lieben, kann man aber nichts tun. Würdest du deine Pflichten und Schuldigkeiten verstehen, deine Anhänglichkeiten, Sehnsüchte, Zwänge, Vorlieben, Neigungen, und dich von all dem freimachen können, käme die Liebe …
Ist das Auge frei, kann man sehen.
Ist das Herz frei, kann man lieben.

6 Liebe ist, wie eine Sinfonie zu hören. Empfänglich zu sein für alle Klänge, die zur Sinfonie gehören. Es bedeutet, ein Herz zu haben, das offen ist für alle und für alles. Kannst du dir vorstellen, ein Sinfoniekonzert zu hören und dabei nur auf die Pauken zu achten? Oder den Pauken so eine Bedeutung beizumessen, daß die übrigen Instrumente fast untergehen? Ein wirklicher Musikliebhaber wird dem Klang aller Instrumente lauschen, wenn er auch ein Lieblingsinstrument haben mag.

7 Aus den „Geistlichen Übungen" des Ignatius von Loyola: „Die Liebe besteht in der Mitteilung von beiden Seiten her; das heißt, daß der Liebende dem Geliebten gibt und mitteilt, was er hat, oder von dem, was er hat oder kann, und als Erwiderung ebenso der Geliebte dem Liebenden; hat also der eine Wissen oder Ehren oder Reichtümer, so teilt er sie dem mit, der sie nicht besitzt, und so auch der andere dem einen."

8 Der Fuchs sagt dem kleinen Prinzen etwas Wunderschönes: „Man sieht nur mit dem Herzen gut. Das Wesentliche ist für die Augen unsichtbar." Deshalb muß man mit dem Herzen hören und mit dem Herzen sehen.
In einer japanischen Erzählung sagt ein Schüler zum Meister: „Du verbirgst vor mir das letzte Geheimnis der Kontemplation."
Der Meister erwidert: „Nein, das tue ich nicht."
„Doch", beharrt der Schüler.
Eines Tages gehen die beiden im Wald spazieren, und in den Bäumen zwitschern die Vögel. Der Meister fragt seinen Schüler: „Hörst du, wie die Vögel singen?"
„Ja", erwidert der Schüler.
„Also weißt du jetzt, daß ich nichts vor dir verberge."
Der Schüler nickt.

9 Ein Schüler neigte zu länger anhaltenden Depressionen. „Mein Arzt verlangt, daß ich Medikamente einnehme, um mir die Depressionen vom Leibe zu halten", sagte er.
„Warum nimmst du sie dann nicht?" fragte der Meister.
„Weil sie meiner Leber schaden und mein Leben verkürzen könnten."
Sagte der Meister: „Möchtest du lieber eine gesunde Leber als eine gute Laune? Ein Jahr Leben ist mehr wert als zwanzig Jahre Winterschlaf."
Und später sagte er zu seinen Schülern: „Mit dem Leben ist es wie mit einem Märchen: nicht die Länge zählt, sondern die Qualität."

10 Sokrates war im Gefängnis und wartete auf die Vollstreckung seines Urteils. Eines Tages hörte er, wie ein Mitgefangener ein schwieriges lyrisches Lied des Dichters Stesichoros sang.
Sokrates bat den Mann, ihn dieses Gedicht zu lehren.
„Warum?" fragte der Sänger.
„Daß ich in dem Bewußtsein sterben kann, noch etwas dazu gelernt zu haben", lautete die Antwort des großen Mannes.

Schüler: Warum sollte man eine Woche vor dem Tod noch etwas Neues lernen?
Meister: Aus dem gleichen Grund, aus dem du fünfzig Jahre vor deinem Tod etwas Neues lernen würdest.

11 „Wo werde ich einen würdigen Meister finden, wenn ich in meine Heimat zurückkehre?"
„Es gibt keinen einzigen Augenblick, in dem du ohne einen bist."
Der Schüler war irritiert.
„Beobachte einfach deine Reaktion auf alles – einen Vogel, ein Blatt, eine Träne, ein Lächeln –, und du wirst in allen Dingen deinen Meister finden."

12 Ich habe mir einen Ausspruch Buddhas gemerkt, der mir wichtig erscheint:
„Mönche und Schüler dürfen meine Worte nicht aus purem Respekt akzeptieren."
Gehen Sie mit ihnen um wie der Goldschmied mit dem Gold: er poliert, feilt, sägt, legiert. So muß man es machen. Man muß offen bleiben, empfänglich, immer bereit zu hinterfragen, selbständig zu denken. Das Gegenteil davon ist, in Unbeweglichkeit zu verfallen, in geistige Trägheit.

13 Der Meister zitierte einmal den berühmten Satz aus der „Bhagavadgita", in dem der Herr den Jünger anspornt, sich in die Schlacht zu stürzen und ein ruhiges Herz zu Füßen der Lotosblume des Herrn zu bewahren.
Ein Schüler fragte: „Wie kann ich das erreichen?"
Sagte der Meister: „Entschließe dich dazu, mit *jedem* Ergebnis deiner Anstrengungen zufrieden zu sein."

14 Immer wenn dich darüber Unsicherheit befällt, was in der Zukunft passieren mag, denk an folgendes: Im letzten Jahr warst du sehr unsicher wegen Ereignissen, die du dann, wenn sie schließlich eintraten, doch irgendwie bewältigen konntest. Und dies dank der Energie und der Möglichkeiten, die dir die jeweilige Situation gab, und nicht wegen der vorausgegangenen Sorgen, durch die du nur nutzlos gelitten hast und in deinen Gefühlen geschwächt wurdest. Sag dir deshalb: „Wenn es irgend etwas geben sollte, das ich gerade jetzt für die Zukunft tun kann, dann werde ich es auch tun. Dabei lasse ich es dann bewenden und erfreue mich an dem jetzigen Augenblick."

15 Sogar die Sehnsucht nach Freiheit ist eine Fessel.

Niemand ist wirklich frei, der sich um seine Freiheit sorgt. Nur die Zufriedenen sind frei.

16 Der heutige Mensch kann nicht mehr tief in sich gehen. Sobald er es versucht, wird er aus seinem Herzen gleichsam herausgeschwemmt, so wie die See eine Leiche ans Ufer spült. Der Dichter Khalil Gibran sagt: „Man redet, wenn man nicht mehr mit sich selbst in Frieden lebt. Und wenn man nicht mehr in den Tiefen seines Herzens wohnen kann, lebt man auf seinen Lippen. Dann wird Getön zum Vergnügen und zum Zeitvertreib."
Möchtest du mit einem einfachen Test feststellen, wie sehr du selbst der Krise der Oberflächlichkeit erlegen bist? Prüfe einmal, ob du dich im Schweigen wohlfühlst. Wieviel Schweigen kannst du ohne den Drang zum Reden ertragen? Das ist freilich bei weitem nicht das einzige Kriterium für Tiefgang, aber ein ziemlich gutes.

17 Was Isaak von Ninive, ein syrischer Mönch, sagt, trifft ebenso auf den Einsiedler in der Wüste zu wie auf den Menschen im Herzen der modernen Großstadt. „Liebst du die Wahrheit, liebe das Schweigen. Das Schweigen wird dich wie das Sonnenlicht in Gott erleuchten und dich von den Trugbildern der Unwissenheit befreien. Das Schweigen wird dich mit Gott selbst vereinen … Liebe das Schweigen über alles: es bringt dir eine Frucht, die keine Zunge beschreiben kann. Anfangs müssen wir uns zum Stillschweigen zwingen. Dann aber wird etwas geboren, das uns zum Stillschweigen hinzieht. Möge Gott dich dieses ‚Etwas' verkosten lassen, das aus dem Schweigen geboren wird. Übe dich doch darin, so wird dir ein unsägliches Licht aufgehen … nach einiger Zeit wird im Herzen dieser Übung eine gewisse Wonne geboren, und der Leib wird geradezu mit Gewalt dahin geführt, im Stillschweigen auszuharren."
Jedes Wort dieser Zeilen verdient eigens meditiert zu werden.

18 Stille bedeutet, Worte und Gedanken hinter sich zu lassen. Was ist falsch an Wörtern und Gedanken? Sie schränken ein.

19 Sagte der Meister:
„Als du noch im Mutterleib warst, hast du geschwiegen.
Dann wurdest du geboren und fingst an zu sprechen, sprechen, sprechen – bis der Tag kommt, da man dich ins Grab legt.
Dann wirst du wieder still sein.
Fange dieses Schweigen ein, das im Mutterleib war und im Grab sein wird und selbst jetzt dieses Intervall von Lärm unterläuft, das Leben heißt.
Dieses Schweigen ist dein tiefstes Wesen."

20 Wir müssen lernen, den Bereich des Denkens und Redens zu verlassen und in den Bereich des Fühlens, Empfindens, der Liebe und der Intuition einzudringen. In diesem Bereich wird die Kontemplation geboren, und Gebet wird eine umwandelnde Kraft und eine Quelle von Freude und Friede, die niemals enden werden.

21 Je mehr du die anderen liebst, desto besser kommst du ohne sie aus.
Je mehr du die anderen liebst, desto besser kommst du mit ihnen aus.

22 „Was soll ich tun, um Gott zu erreichen?"
„Wenn du Gott erreichen willst, mußt du zwei Dinge wissen. Erstens, daß alle Bemühungen, ihn zu erreichen, vergeblich sind."
„Und zweitens?"
„Du mußt handeln, als ob du das erste nicht wüßtest."

23 Ich erinnere mich an einen Rabbi, der Gott sein ganzes Leben lang treu und ergeben gedient hatte. Eines Tages sagte er zu Gott:
„Herr, ich habe dir immer treu gedient und das Gesetz befolgt. Ich war immer ein guter Jude, doch jetzt bin ich alt und brauche Hilfe: Herr, laß mich in der Lotterie gewinnen, damit ich auf meine alten Tage in Ruhe leben kann!"
Und er betete und betete und betete ... Es vergingen zwei Wochen, zwei Monate, drei, fünf, ein ganzes Jahr ging ins Land, schließlich drei Jahre, bis der Rabbi eines Tages verzweifelt rief: „Gott, tu doch etwas!"
Und Gott antwortete: „Tu doch selbst etwas! Warum kaufst du dir kein Los?"

24 Vergegenwärtige dir deinen größten Wunsch. Augustinus sagte: „Jeder Wunsch, über den Gott uns erreicht, ist bereits ein Gebet. Es gibt ein inneres Beten, das kein Ende hat: deinen Wunsch. Wenn du ohne Unterlaß beten willst, dann höre nie auf zu wünschen." Trau dich, dir zu wünschen, und hab den Mut, Gott deine Wünsche zu sagen.

25 „Willst du uns denn nicht ‚Frohe Weihnachten' wünschen?" wurde der Meister gefragt.

Er warf einen Blick auf den Kalender, sah, daß Donnerstag war, und sagte: „Ich möchte euch lieber einen ‚Frohen Donnerstag' wünschen."

Das verletzte das Empfinden der Christen im Kloster, bis der Meister erklärte: „Millionen werden sich nicht über den heutigen Tag, sondern über Weihnachten freuen, wodurch ihre Freude von kurzer Dauer ist. Aber für alle, die sich über den heutigen Tag zu freuen gelernt haben, ist jeder Tag ein Weihnachten."

26 Gotteserfahrung braucht nichts Sensationelles oder Ungewöhnliches zu sein. Die Gotteserfahrung ist zweifellos verschieden von unseren alltäglichen Erfahrungen: Sie kann sich zum Beispiel in der tiefen inneren Stille mitteilen; in der Erfahrung leuchtender Dunkelheit oder der Leere, die Erfüllung bringt. Man kann plötzliche, unerklärliche Blitze der Ewigkeit oder der Unendlichkeit erfahren, die uns erreichen, wenn wir am wenigsten auf sie gefaßt sind, etwa mitten in der Arbeit oder beim Spiel. ... So wenig müssen wir tun, um Gott zu erfahren. Wir müssen nur still werden – und uns der Empfindungen in unserer Hand bewußt werden. Da hast du Gott, lebendig und tätig in dir, er berührt dich, er ist dir sehr nahe. Spüre ihn, erfahre ihn!

27 Jeder von uns trägt in seinem Herzen ein Album herrlicher Bilder aus seiner Vergangenheit. Erinnerungen an frohe Ereignisse. Bitte öffne dieses Album einmal, und erinnere dich an so viele Ereignisse wie möglich.

Wenn du diese Übung noch nie zuvor gemacht hast, wirst du wahrscheinlich nicht viele solcher Ereignisse finden. Doch allmählich wirst du immer mehr entdecken, die bisher in deiner Vergangenheit begraben lagen, und du wirst sie gern ausgraben und in der Gegenwart Gottes neu durchleben. Du wirst sogar erleben, wenn du neue beglückende Erfahrungen machst, daß du ihre Erinnerung nun viel mehr schätzt und sie nicht in die Vergessenheit sinken lassen willst. So trägst du in dir einen großen Schatz, in den du jederzeit eintauchen kannst, um deinem Leben mehr Freude und Kraft zu geben.

28 Frage dich: „Was existierte eigentlich hundert Jahre vor mir?“ Laß ruhig deine Phantasie spielen! Und jetzt ein noch größerer Sprung: „Was gab es dreitausend Jahre vor mir auf der Welt?“ Also tausend Jahre vor Christi Geburt. Dieser Zeitabstand ist noch relativ kurz, denn die Wissenschaft lehrt uns, daß es auf unserem Planeten schon seit Millionen von Jahren Leben gibt. „Und was wird in dreitausend Jahren sein? Wird die Erde eine Wüste sein? Ein Urwald? Wird es eine andere Zivilisation geben?“ ... Versuche, dir vorzustellen, wie du in dreitausend Jahren auf die Erde kommst, genau nach diesem Platz hier suchst und nach irgendeiner Spur davon, daß du einmal da warst.
Weißt du, was dabei geschehen wird? Ein Gefühl von Unendlichkeit wird in dir aufkommen, ein Gefühl von Freiheit. Und weißt du wovon? Von der Illusion, du hättest eine Bedeutung. Außer in den Augen Gottes haben wir nicht allzuviel Bedeutung.

29 „Wie lange dauert die Gegenwart, eine Minute oder eine Sekunde?“
„Viel kürzer und viel länger“, sagte der Meister. „Kürzer, weil der Augenblick, den du angezielt hast, vorbei ist. Länger, weil, wenn du je in sie eingedrungen bist, du auf die Zeitigkeit stoßen und erfahren wirst, was Ewigkeit ist.“

30 Wir sind dann weise, wenn wir Gott die Entscheidung überlassen, was Glück und was Unglück ist; wenn wir ihm danken, daß für jene, die ihn lieben, alles zum Besten gedeiht. Dann werden wir ein wenig an der wunderbaren mystischen Vision der Juliana von Norwich teilhaben, die einen Ausspruch tat, der mir von allen, die ich je gelesen habe, der liebste und tröstlichste ist: „Und alles wird gut sein; und alles wird gut sein; und alle Dinge, die es gibt, werden gut sein!"

31 Wenn du deinen Freunden nur *einen* Ratschlag, nur *einen* Satz zum Abschied sagen könntest, was würdest du sagen?

Nachwort

von Anand Nayak

Seine zahlreichen Bücher sind heute in praktisch allen Buchhandlungen der Welt erhältlich. Einige davon wurden in mehr als 40 Sprachen übersetzt und sind in mehreren Ausgaben und Auflagen erschienen. Viele Menschen sind bezaubert von der einfachen, aber kraftvollen Spiritualität des indischen Jesuitenpriesters Anthony de Mello, die in seinen Büchern dargestellt wird, und möchten nun mehr darüber wissen: Was für ein Mensch war dieser de Mello, der zum spirituellen Meister Hunderter von Menschen in Indien und anderswo geworden ist.

Anthony de Mello wurde am 4. September 1931 in Mumbai (Bombay) als Sohn von Frank de Mello, einem Eisenbahnangestellten, und Luise Castellino, geboren. Die Eltern waren beide Goa-Inder von Bombay, Menschen, deren kulturelle Wurzeln eher westlich als indisch waren. Zu Hause sprachen sie Englisch. Im Alter von 16 Jahren schloß sich Anthony dem Jesuitenorden in Bombay an und blieb bis an sein Lebensende ein treuer und geschätzter Jesuit.

Nach den ersten Jahren jesuitischer Schulung wurde er nach Spanien (San Cugat, Barcelona) geschickt. Dort wurde er nicht nur von der Lehre des Ignatius von Loyola, dem Grün-

der seines Ordens, tief beeinflußt, sondern auch von derjenigen der spanischen Mystiker, eine Spiritualität, die ihn von Grund auf prägen sollte. Sein Kontakt mit der spirituellen Tradition Indiens begann während seines Theologiestudiums am De Nobili College in Pune. Kurz nachdem er 1961 in Bombay zum Priester geweiht worden war, ging er in die USA, wo er therapeutische Psychologie studierte. Er setzte sich mit Gestalt-Therapie, Transaktionsanalyse und anderen Therapieformen auseinander, um diese als Hilfe bei der spirituellen Beratung, für die er sich vorbereitete, einsetzen zu können.
Als sprachbegabter Mensch schrieb und sprach er ein sehr elegantes Englisch und Spanisch. Er war ein unersättlicher Leser aller Arten von Büchern und Literatur, ein regelmässiger Kinobesucher, und er besaß die Gabe, stundenlang ohne Unterbrechung zu reden, wobei er seinem Gedankenfluß freien Lauf ließ. Seine Reden waren von Geschichten, Späßen und lautem Gelächter gespickt. Seine Zuhörer mochten sich vielleicht manchmal von diesem Strom dichter Rede überwältigt fühlen, sicher aber niemals ermüdet oder gelangweilt. Er war zwar ein Mensch, der gerne redete, aber er tat es mit dem Ziel, zu kommunizieren und zu teilen.

Ich traf Pater Anthony de Mello das erste Mal in Pune (Indien), 1965, als ich dort studierte. Pater Tony – wie ihn dort alle nannten – war gerade aus Chicago und Rom zurückgekommen. In den achttägigen Exerzitien, die er uns anbot, bemerkte ich eine reine ignatianische Spiritualität, die mit moderner Psychologie kombiniert war. Die Begegnung mit diesem Meister war äußerst erfrischend für mich, denn er war so verschieden von vielen anderen jesuitischen Meistern, die ich schon getroffen hatte: Er bot nicht eine spirituelle Tradition an, sondern versuchte, durch tiefe menschliche Beziehungen Erfahrung zu schaffen. Die Vorgesetzten in seinem Orden sandten den Fachmann für Spiritualität, der gerade aus den USA zurückgekehrt war, in eine verlassene Missionsstation, um ihn auf das Gebot des Gehorsams zu testen, das die jesuitische Spiritualität zum heiligen Ideal erhebt. Anthony nahm es mit Humor, bis der nächste Vorgesetzte ihn dazu zurückbeorderte, wofür er seinen Fähigkeiten und seiner Ausbildung nach berufen war: ein spiritueller Meister zu sein.

De Mello bot die spirituellen Übungen von Ignatius von Loyola zunächst nur seinen Mitbrüdern an, bald aber war er in ganz Indien bekannt und reiste im ganzen Land umher, um Exerzitien zu leiten. Diese Exerzitien dauerten jeweils 30 Tage, und der unermüdliche Meister führte sie bis zu viermal jährlich durch. Er hatte sich entschieden, vor allem im Kreis von Priestern und Ordensleuten zu wirken. Seine Laien-Zuhörer waren meist Amerikaner, für die er gelegentlich Exerzitien und spirituelle Vorträge in den USA und Kanada hielt. Aber allmählich, mit zunehmender Erfahrung in der spirituellen Beratung mit Hilfe der Ignatianischen und Spanischen Mystik, die er mit der Psychologie in Verbindung gebracht hatte, neigte Anthony immer mehr zur indischen, hinduistischen und buddhistischen Spiritualität, in denen er die mächtigen Wurzeln wahrer spiritueller Erfahrung entdeckt hatte. Er empfahl seinen Mitbrüdern voller Überzeugung, u. a. die buddhistische Vipassana Meditation unter G. N. Goenka zu praktizieren und die Werke Jiddu Krishnamurtis zu lesen. Er schätzt in ihrer tiefen Echtheit auch die ursprüngliche Lehre von Rajneesh Chandra Mohan (1931–1990) der zur gleichen Zeit in Pune wirkte.

Ich selber kam im Jahr 1976 in engen Kontakt mit Anthony de Mello. Ich äußerte meinen Wunsch, mit ihm Exerzitien zu machen. Zu meinem Erstaunen antwortete er aber: „Nein, ich führe keine Exerzitien mehr durch. Weißt du, die Jesuiten ändern wohl ihr Leben nach den Exerzitien. Aber nur drei Monate lang. Dann gehen sie zu ihrem alten Lebensstil zurück.... ich habe deshalb die Exerzitien in etwas umgeformt, was ich Sadhana nenne. Die Sadhana verändert das Leben. Für immer!" In der folgenden Woche schloß ich mich der Sadhana an. Dreißig Tage Meditation, Diskussion, Gespräche, Streit und Lachen – mein Leben veränderte sich und verändert sich immer noch!

Sadhana war für Anthony de Mello ein konkreter Weg zur Gotteserfahrung. Das Wort „Sadhana" kommt aus dem Hinduismus oder Buddhismus und bedeutet: das spirituelle Suchen, ein spiritueller Weg zu einer tieferen Erfahrung der Realität. In seinem ersten Buch „Meditieren mit Leib und Seele" beschreibt er das Ziel der Sadhana.: „In den letzten fünfzehn Jahren meines Lebens habe ich versucht, Menschen zum Gebet zu führen. Dutzende von Menschen beklagen sich bei mir darüber, daß sie nicht wissen, wie man betet; daß sie trotz aller Bemühungen keine Fortschritte im Gebet machen; daß sie Beten langweilig und frustrierend finden. Sogar viele Seelenführer gestehen ihre Hilflosigkeit ein, wenn es darum geht, andere beten zu lehren, oder um es deutlicher auszudrücken: ihnen zu helfen, wie sie Freude und Erfüllung im Gebet finden“ (Meditieren mit Leib und Seele, Herder/Spektrum 1998, S. 11).

Das Problem des Gebets nahm ihn stark in Anspruch – das Gebet nicht in seinem theoretischen Aspekt, sondern als konkrete Erfahrung des Lebens. Viele Jesuiten und andere religiöse Menschen klagten über ihre Schwierigkeiten beim Gebet. Anthony de Mello nahm dieses Problem sehr ernst. Gebet bedeutete für ihn nicht nur das trockene Wiederholen von Versen oder eine ermüdende und schwierige Verpflichtung. Vielmehr war es für ihn die lebendige Erfahrung von Freude und Trost. Aus anderen Religionen lernte er einfache Gebetsmethoden und -techniken, die die Menschen in einen Zustand der Gottesbeziehung brachten, der durch Friede und Freude geprägt war.

Er schlug seinen Mitbrüdern vor, es mit der Sadhana zu versuchen und führte einen dreiwöchigen „Mini-Sadhana-Kurs“ durch. Diejenigen, die genügend Zeit und Energie hatten, konnten einen neunmonatigen „Maxi-Sadhana-Kurs“ besuchen. Ich hatte das Glück, mit ihm eine „Mini-Sadhana“ zu machen. Wir waren eine Gruppe von ungefähr 15 Personen. Er bot eine Morgenmeditation an, und danach fuhr er fort, über verschiedene Aspekte des Lebens und des Gebets zu sprechen. Wir waren eingeladen, unsere Beiträge zu leisten und über unsere Reaktionen zu sprechen. Ab und zu führte die Sadhana auch zu psychologischer, therapeutischer Arbeit. Manchmal löste sie Ärger und Aggression aus. Aber schließlich führte sie immer zu einem Gefühl der Freude, des Friedens und des Trostes und zur Überzeugung, zu großer spiritueller Tiefe zu gelangen. Diese wundervollen Methoden zur Meditation, Kontemplation und zum Gebet sind einfach und schön im oben erwähnten Buch beschrieben.

Der Weg des Herzens

Die fundamentale spirituelle Arbeit befaßte sich mit dem Erwachen des Herzens. Anthony de Mello schreibt in seinem Buch „Meditieren mit Leib und Seele“: „Viele Mystiker erklären, daß wir außer Verstand und Herz, mit denen wir gewöhnlich mit Gott in Verbindung treten, auch einen mystischen Verstand und ein mystisches Herz besitzen: ein Vermögen, das uns unmittelbar mit Gott in Beziehung setzen kann, mit dem wir Gottes eigentliches Wesen fassen und intuitiv erkennen – wenn auch auf ‚dunkle Weise‘, das heißt, ohne die Hilfe von Gedanken, Ideen und Bildern … Dieses mystische Herz bleibt in den meisten von uns untätig und unentwickelt. Würde es erweckt, strebte es ständig hin zu Gott und würde unser ganzes Wesen zu ihm hintreiben. Doch dafür muß es sich entfalten können; die Schlacke, die es umgibt, muß entfernt werden, damit es vom Ewigen Magneten angezogen werden kann“ (S. 38–39).

Genau das ist die Sadhana: Entwicklung, das Erwachen des Herzens. Nicht mit Hilfe von intellektuellen und rationalen Vorträgen, sondern mit einem machtvollen Werkzeug, das Pater de Mello (wie die buddhistischen und hinduistischen Meister) Achtsamkeit, Bewußtheit nennt. Die ganze Methode der Sadhana ist die Anwendung der Achtsamkeit durch Meditation: Atmen, das Spüren von Empfindungen und Gefühlen, das Beobachten von Vorstellungen und Phantasien, das Entdecken der anderen … Das Herz erwacht manchmal sanft wie die Morgensonne, aber manchmal auch wie ein Sturm, der Lawinen ins Rollen bringt.

Ein Meister der geistlichen Unterscheidung

Anthony de Mello hat immer die Unterscheidung des Geistes in allen Dingen betont. Ich glaube, darin liegt auch die Größe dieses spirituellen Meisters. Er hat den Menschen konkrete Mittel gegeben, um die Unterscheidung zu erlernen, die Kunst, die er von den spirituellen Übungen des heiligen Ignatius gelernt hatte. Das Erwachen des Herzens bringt die Menschen zu einer tiefen Erfahrung von Freude, Glück und Liebe. Doch dieses Sich-Öffnen kann für manche

Menschen auch eine gefährliche Erfahrung sein, die zu einem Absinken in individualistisches und selbstsüchtiges Verhalten führen und selbst in sexuelle oder unberechenbare Tendenzen abgleiten kann. Die Unterscheidung, was echt ist und wirklich zu Gott führt und was nur von menschlichem und egoistischem Interesse ist, ist die große Lehre Anthony de Mellos. Immer wieder betonte er die Gefahr der, wie er es nannte, Abhängigkeit als Quelle von Umwegen im Leben. Abhängigkeit war für ihn auch die Quelle allen Leidens. Und die Überwindung von Abhängigkeiten war für ihn das wichtigste Anliegen einer Person, die auf dem spirituellen Weg durchs Leben weiterkommen will.

Was wir bei all dieser konkreten, aber wirkungsvollen Arbeit am meisten an ihm schätzten, war seine Verfügbarkeit. Er liebte es, Freunde zu haben, und er hatte viele davon. Ebenso gab es aber auch Menschen, die seine Feinde waren. Nicht daß er sich Feinde geschaffen oder feindselige Gefühle hervorgerufen hätte. Als machtvoller und klarer spiritueller Führer schuf er sich keine Freunde, indem er ihnen schmeichelte. Er war frank und frei in seinen Antworten, was manchen Menschen gegen den Strich ging und sie von ihm entfernte. Dies war selbstverständlich nicht das Problem Anthony de Mellos, sondern das der Menschen selbst, weil sie nicht über ihre Probleme hinaus sehen konnten. Trotz seines großen Freundeskreises hatte de Mello immer Zeit und Aufmerksamkeit für alle Menschen, die zu ihm kamen. In seiner Gegenwart fühlte man, daß er voll und ganz für einen da war.

Dies führte natürlich oft dazu, daß seine Schüler in eine gewisse Abhängigkeit zu ihm gerieten. Diese Gefahr vermochte er aber sehr wohl zu durchbrechen, wenn es nötig wurde. Sein Ziel war, aus seinen Schülern Meister zu machen, Meister ihres eigenen Lebens und ihrer eigenen Taten. Er nahm sich Zeit, die Menschen auf einer gewissen Wegstrecke zu begleiten und ihnen den Weg zu zeigen. Aber schlußendlich sollten sie lernen, ihren eigenen Weg zu gehen und nicht von einem spirituellen Meister abhängig zu sein. In einem wunderschönen Buch mit dem Titel „We heard the bird sing – Interacting with Anthony de Mello, S. J." (ediert von Aurel Brys and Joseph Pulickal S. J. und 1995 im Gujarat Sahitya Prakash Verlag erschienen), das einige seiner Freunde nach seinem Tod herausgaben, haben mehrere Menschen, die Anthony de Mello sehr gut kannten, Zeugnisse ihrer spirituellen Erfahrungen mit ihm niedergeschrieben.

Eine Spiritualität für alle

Was aus den späteren Schriften Anthony de Mellos klar erkennbar ist, ist ein Wachstum zu einer universalen Spiritualität. Er fühlte: Wenn unsere christliche Spiritualität eine gute und gesunde ist, dann muß sie für alle Menschen gut sein und nicht nur für Christen. Dasselbe gilt auch umgekehrt: Wenn eine Spiritualität gut ist, dann muß sie auch für Christen gut sein. Der Christus, den er predigte und lebte, war nicht ein sektiererisches Symbol, das nur für wenige gilt, sondern der universelle Dynamismus eines Gottes, der unter den Menschen wirkt und lebt. Ich glaube, es war diese tiefe Beziehung zu Jesus Christus, die ihn dazu brachte, ein freier Mensch zu sein. Sie war es, die ihn auch der spirituellen Erfahrung anderer gegenüber Großzügigkeit und Freiheit zeigen ließ. Wir wissen nicht viel über die Quellen, die Anthony de Mello aus anderen Religionen hatte. Er war einfach ein begieriger Leser aller spirituellen Texte, und er ging zu verschiedenen spirituellen Meistern zu persönlichen Gesprächen oder sogar, um mit ihnen ihre Art von Meditation oder Lehre zu üben. In seinen Schriften finden wir aber keine ausdrücklichen Referenzen zu anderen Religionen. Dies hatte vermutlich zwei Gründe: erstens hatte er als spiritueller Lehrer eine eigene Lehre, die aus seiner eigenen Überzeugung kam, weiterzugeben, und er lehnte sich nicht an andere Traditionen an. Zweitens: Religionen zu zitieren ist ein gefährliches Unterfangen, weil Religionen, wie de Mello sie verstand, alle gut in ihren Absichten sind, aber nicht immer gut und aufrichtig in ihren Traditionen. Deshalb würde die Verknüpfung einer spirituellen Erfahrung mit bestimmten Religionen bedeuten, für diese zu bürgen und sie zu unterstützen, was Anthony de Mello offensichtlich nicht tun konnte. Es lag ihm weniger daran, eine bestimmte Religion zu verbreiten, sondern all denen, die auf der Suche danach waren, eine authentische spirituelle Erfahrung zu vermitteln.

Der Feuermacher

Unter den vielen Geschichten, die er immer wieder erzählte, war eine, die er sehr oft wiederholte: die Geschichte des Feuermachers. Ein Mann, der die Kunst des Feuermachens beherrschte, war eifrig darauf aus, diese Kunst weiterzugeben und zog von Dorf zu Dorf, um sie die Menschen zu lehren. Aber in einem weit entfernten Dorf waren die Priester eifersüchtig auf ihn, als sie seinen großen Erfolg sahen. Sie ließen ihn deshalb ermorden. Der Feuermacher wurde getötet, und dies verursachte ein großes Gefühl des Verlustes und der Angst unter den Leuten. Um sie zu beruhigen, sammelten die Priester die Werkzeuge des Feuermachers ein, legten sie auf den Altar und erfanden Zeremonien, um diese Werkzeuge zu verehren. Die Zeremonien blieben bestehen, aber das Wissen, wie man Feuer macht, verschwand.

In den Religionen sah de Mello vielfach diese Art frustrierender Erfahrung – das Verehren von Werkzeugen, ohne die Kunst des Feuermachens wirklich zu kennen. In allem, was er uns lehrte, wollte er uns die Wärme und das Leben, die das Feuer mit sich bringt, spüren lassen. Er pflegte zu sagen: Was zählt, ist die gute Qualität des Weins, der in der Flasche ist – und daß man ihn trinkt, nicht das Nachdenken über die Schönheit der Flasche oder des Etiketts, das auf der Flasche klebt. So sollten Religionen, spirituelle Lehren und die Erfahrung, die durch sie gemacht werden soll, sein. Das höchste Ziel der Spiritualität für de Mello war die Freiheit. Freiheit von allem – von Ängsten, Verpflichtungen, Freiheit von allen Abhängigkeiten. Der Mensch, der Gott entdeckt und nach ihm lebt, ist ein freier Mensch. Sein Zustand im Leben, seine Freude, sein Glück – sie rühren nicht aus der Abhängigkeit von materiellen Dingen wie Geld, Macht oder Ansehen, sondern sie kommen von der Quelle, die man nur in der Tiefe des Herzens kennt, der Quelle, die von Gott kommt. Dies ist es, was viele Menschen, die an den Zeugnissen über Anthony de Mello arbeiteten, erfuhren: die Ufer der Freiheit, zu welchen er sie führte, das neue Leben, das er sie zu führen lehrte, und das neue Wesen, das sie in sich selbst entdeckten. Diese Erfahrung war nicht immer einfach, auch nicht einfach für seine religiösen Vorgesetzten, Bischöfe und andere Menschen, die in der neuen spirituellen Endeckung der Menschen manchmal einen Verlust an Anhängern befürchteten. Wenn viele Jesuiten und andere religiöse Menschen durch die Hilfe von Anthony de Mello religiöser und spiritueller wurden, glückliche und zufriedene Menschen, so schlugen andere auch andere Lebenswege ein, im Wissen, daß das spirituelle Leben, das sie gewählt hatten, nicht der richtige Weg für sie gewesen war. Dies ist der Preis der Freiheit und die Kraft eines spirituellen Lebens, das die Menschen zu dem Glück bringt, für das ein jeder geschaffen wurde.

Sarvesham svastirbhavatu May all be prosperous
sarvesham santirbhavatu May all be peaceful
sarvesham purnambhavatu May all be whole
sarvesham mangalambhavatu May all be happy

Quellenverzeichnis

Werke von Anthony de Mello

Mit allen Sinnen meditieren. Anstöße und Übungen. Aus dem Portugiesischen von Irene Johna, Verlag Herder Freiburg – Basel – Wien, 1997 (= Sinnen).

Daß ich sehe. Meditation des Lebens. Aus dem Englischen von Mathilde Wiedmann, Verlag Herder Freiburg – Basel – Wien, 5. Auflage 1992 (= Meditation).

Eine Minute Unsinn. Aus dem Englischen von Robert Johna, Herder/Spektrum, 4379, Verlag Herder Freiburg – Basel – Wien, 4. Auflage 1997 (= Unsinn).

Eine Minute Weisheit. Aus dem Englischen von Ursula Schottelius, Herder/Spektrum, 4569, Verlag Herder Freiburg – Basel – Wien, 2. Auflage 1998 (= Weisheit).

Die Fesseln lösen. Einübungen in ein erfülltes Leben. Aus dem Portugiesischen von Irene Lucia Johna, Verlag Herder Freiburg – Basel – Wien, 5. Auflage 1997 (= Fesseln).

Meditieren mit Leib und Seele. Neue Wege der Gotteserfahrung. Aus dem Englischen übersetzt von Martin Kämpchen, Herder/Spektrum, 5017, Verlag Herder Freiburg – Basel – Wien 1998, Verlag Butzon & Bercker Kevelaer, 8. Auflage 1996 (= Leib).

Der springende Punkt. Wach werden und glücklich sein. Illustrationen von Jules Stauber. Vorwort und herausgegeben von J. Francis Stroud. Aus dem Englischen von Irene Lucia Johna, Verlag Herder Freiburg – Basel – Wien, 8. Auflage 1998 (= Punkt).

Warum der Schäfer jedes Wetter liebt. Weisheitsgeschichten. Aus dem Englischen von Ursula Schottelius, Herder/Spektrum, Verlag Herder Freiburg – Basel – Wien, 11. Auflage 1998 (= Schäfer).

Warum der Vogel singt. Weisheitsgeschichten. Illustrationen von Jules Stauber. Aus dem Englischen von Ursula Schottelius, Herder/Spektrum, 4149, Verlag Herder Freiburg – Basel – Wien, 10. Auflage 1997 (= Vogel).

Wer bringt das Pferd zum Fliegen? Weisheitsgeschichten. Vorwort von Parmananda R. Divarkar. Illustrationen von Jules Stauber. Aus dem Englischen von Ursula Schottelius, Herder/Spektrum, 4304, Verlag Herder Freiburg – Basel – Wien, 5. Auflage 1998 (= Pferd).

Wie ein Fisch im Wasser. Anleitung zum Glücklichsein. Illustrationen von Jules Stauber. Aus dem Englischen von Irene Lucia Johna, Herder/Spektrum, 4459, Verlag Herder Freiburg – Basel – Wien, 4. Auflage 1998, (= Fisch).

Anmerkung des Herausgebers: In manchen Texten wurde die Übersetzung der Leseransprache im Sinne einer Vereinheitlichung gegenüber der Originalübersetzung geändert.

Januar

1.1. Unsinn 174, 2.1. Fesseln 55, 3.1. Unsinn 23, 4.1. Fesseln 117, 5.1. Fesseln 156, 6.1. Fesseln 47–48, 7.1. Unsinn 199, 8.1. Fesseln 30, 9.1. Fesseln 31, 10.1. Unsinn 30, 11.1. Fesseln 77, 12.1. Weisheit 46, 13.1. Weisheit 101, 14.1. Fesseln 37, 15.1. Fesseln 14, 16.1. Fesseln 115, 17.1. Schäfer 182, 18.1. Unsinn 148, 19.1. Weisheit 82, 20.1. Fesseln 78, 21.1. Schäfer 164, 22.1. Unsinn 137, 23.1. Fesseln 153, 24.1. Fesseln 56, 25.1. Sinnen 38, 26.1. Leib 71, 27.1. Unsinn 143, 28.1. Fesseln 27, 29.1. Pferd 36, 30.1. Pferd 108, 31.1. Fesseln 87.

Februar

1.2. Fesseln 91–92, 2.2. Fesseln 44–45, 3.2. Leib 120–121, 4.2. Fesseln 45, 5.2. Fesseln 46, 6.2. Fesseln 74, 7.2. Weisheit 57, 8.2. Fesseln 74–75, 9.2. Pferd 108, 10.2. Leib 61, 11.2. Fesseln 16, 12.2. Fesseln 80–81, 13.2. Fesseln 39, 14.2. Fisch 89, 15.2. Fesseln 92, 16.2. Fesseln 156, 17.2. Schäfer 138, 18.2. Pferd 100, 19.2. Fesseln 45, 20.2. Pferd 51, 21.2. Fesseln 102–103, 22.2. Unsinn 192, 23.2. Unsinn 117, 24.2. Pferd 70–71, 25.2. Leib 124, 26.2. Leib 124, 27.2. Fesseln 103, 28.2. Fisch 84, 29.2. Fisch 84–85.

März

1.3. Weisheit 40, 2.3. Weisheit 50, 3.3. Weisheit 43, 4.3. Sinnen 18, 5.3. Weisheit 40, 6.3. Pferd 125, 7.3. Unsinn 186, 8.3. Pferd 88, 9.3. Fesseln 153–154, 10.3. Vogel 102, 11.3. Fesseln 34, 12.3. Fesseln 34, 13.3. Vogel

98, 14.3. Weisheit 57, 15.3. Pferd 98, 16.3. Fesseln 40–41, 17.3. Pferd 95, 18.3. Sinnen 55, 19.3. Pferd 106–107, 20.3. Pferd 99, 21.3. Schäfer 32, 22.3. Schäfer 32, 23.3. Pferd 91, 24.3. Pferd 101, 25.3. Schäfer 174, 26.3. Pferd 96, 27.3. Fesseln 33, 28.3. Fesseln 153, 29.3. Vogel 24, 30.3. Fesseln 111, 31.3. Fesseln 56–57.

April

1.4. Unsinn 53, 2.4. Schäfer 32, 3.4. Schäfer 33, 4.4. Schäfer 96, 5.4. Fesseln 35, 6.4. Leib 182, 7.4. Unsinn 33, 8.4. Fesseln 34–35, 9.4. Pferd 21, 10.4. Pferd 31, 11.4. Schäfer 95–96, 12.4. Unsinn 135, 13.4. Unsinn 51, 14.4. Unsinn 27, 15.4. Fesseln 80, 16.4. Fesseln 94, 17.4. Unsinn 36, 18.4. Fesseln 80, 19.4. Pferd 107, 20.4. Pferd 107, 21.4. Fesseln 79–80, 22.4. Schäfer 161, 23.4. Schäfer 160–161, 24.4. Fesseln 75, 25.4. Unsinn 142, 26.4. Weisheit 26, 27.4. Pferd 22–23, 28.4. Unsinn 24, 29.4. Fesseln 83, 30.4. Pferd 36.

Mai

1.5. Pferd 32, 2.5. Unsinn 130, 3.5. Weisheit 68, 4.5. Weisheit 110, 5.5. Weisheit 94, 6.5. Weisheit 20, 7.5. Pferd 140, 8.5. Leib 77, 9.5. Unsinn 11–12, 10.5. Weisheit 82, 11.5. Schäfer 41, 12.5. Fesseln 88, 13.5. Fisch 71, 14.5. Fesseln 69, 15.5. Fesseln 95, 16.5. Fesseln 36–37, 17.5. Schäfer 127, 18.5. Gott 62–63, 19.5. Fesseln 93–94, 20.5. Fesseln 93, 21.5. Fesseln 43, 22.5. Schäfer 129, Weisheit 93, 23.5. Unsinn 12, 24.5. Gott 61–62, 25.5. Fesseln 94, 26.5. Fesseln 92–93, 27.5. Fesseln 93, 28.5. Weisheit 85, 29.5. Weisheit 85, 30.5. Fisch 93, 31.5. Fesseln 39–40.

Juni

1.6. Vogel 76, 2.6. Schäfer 183, 3.6. Pferd 116, 4.6. Punkt 63, 5.6. Fisch 90, 6.6. Punkt 183, 7.6. Pferd 154–155, 8.6. Pferd 155, 9.6. Schäfer 122, 10.6. Fesseln 59, 11.6. Fesseln 28, 12.6. Fesseln 28, 13.6. Fesseln 44, 14.6. Punkt 186, 15.6. Gott 13, 16.6. Vogel 52, 17.6. Weisheit 33, 18.6. Unsinn 50, 19.6. Leib 22–23, 20.6. Fesseln 15–16, 21.6. Weisheit S. 13, 22.6. Fesseln 33, 23.6. Fesseln 27, 24.6. Fesseln 27–28, 25.6. Weisheit 14, 26.6. Fesseln 42–43, 27.6. Schäfer 67, 28.6. Weisheit 38, 29.6. Weisheit 62, 30.6. Weisheit 76.

Juli

1.7. Fesseln 42, 2.7. Unsinn 116–117, 3.7. Fesseln 46–47, 4.7. Unsinn 57, 5.7. Fesseln 153, 6.7. Unsinn 100–101, 7. 7. Fesseln 40, 8.7. Fesseln 81, 9.7. Fesseln 101–102, 10.7. Sinnen 58, 11.7. Sinnen 112, 12.7. Unsinn 143, 13.7. Weisheit 37, 14.7. Fesseln 47, 15.7. Schäfer 98, 16.7. Fesseln 47, 17.7. Pferd 132, 18.7. Vogel 101, 19.7. Fesseln 36, 20.7. Weisheit 89, 21.7. Schäfer 168–169, 22.7. Schäfer 97, 23.7. Fesseln 99, 24.7. Unsinn 162, 25.7. Unsinn 27, 26.7. Fesseln 46, 27.7. Unsinn 203, 28.7. Unsinn 195, 29.7. Unsinn 145, 30.7. Unsinn 173, 31.7. Fesseln 154.

August

1.8. Pferd 46, 2.8. Pferd 86, 3.8. Unsinn 180, 4.8. Pferd 159, 5.8. Weisheit 55–56, 6.8. Pferd 46, 7.8. Fesseln 49, 8.8. Fesseln 50, 9.8. Fesseln 13, 10.8. Fesseln 13, 11.8. Fesseln 17–18, 12.8. Sinnen 37, 13.8. Weisheit 96, 14.8. Sinnen 77, 15.8. Vogel 28, 16.8. Sinnen 55, 17.8. Fesseln 18, 18.8. Fesseln 32, 19.8. Unsinn 68–69, 20.8. Unsinn 108, 21.8. Unsinn 115, 22.8. Schäfer 187, 23.8. Fesseln 32–33, 24.8. Unsinn 120–121, 25.8. Pferd 43, 26.8. Pferd 45, 27.8. Sinnen 71, 28.8. Pferd 43–44, 29.8. Pferd 105, 30.8. Leib 22, 31.8. Leib 124.

September

1.9. Punkt 29, 2.9. Punkt 29, 3.9. Fesseln 83, 4.9. Fesseln 82, 5.9. Punkt 81, 6.9. Pferd 98, 7.9. Pferd 98, 8.9. Pferd 101, 9.9. Fesseln 30–31, 10.9. Fesseln 153, 11.9. Unsinn 30–31, 12.9. Pferd 96, 13.9. Punkt 94, 14.9. Unsinn 109, 15.9. Unsinn 46, 16.9. Fesseln 30, 17.9. Unsinn 34, 18.9. Unsinn 127, 19.9. Unsinn 146, 20.9. Leib 124, 21.9. Meditation 170, 22.9. Weisheit 59, 23.9. Vogel 18, 24.9. Unsinn 15, 25.9. Weisheit 34, 26.9. Weisheit 23, 27.9. Weisheit 80, 28.9. Unsinn 76, 29.9. Weisheit 5, 30.9. Schäfer 185.

Oktober

1.10. Fesseln 40, 2.10. Pferd 44, 3.10. Leib 123, 4.10. Leib 118, 5.10. Pferd 98, 6.10. Fesseln 38, 7.10. Unsinn 28, 8.10. Fesseln 37, 9.10. Fesseln 37–38, 10.10. Fesseln 26, 11.10. Fesseln 48–49, 12.10. Fesseln 27, 13.10. Fisch 94–95, 14.10. Fesseln 115–116, 15.10. Fesseln 116, 16.10. Sinnen

135, 17.10. Fesseln 55, 18.10. Fesseln 90, 19.10. Fesseln 89–90, 20.10. Weisheit 80, 21.10. Sinnen 54, 22.10. Fesseln 54, 23.10. Leib 94–95, 24.10. Sinnen 86–87, 25.10. Fesseln 65–66, 26.10. Fisch 85, 27.10. Fesseln 114, 28.10. Schäfer 172, 29.10. Weisheit 54, 30.10. Schäfer 156, 31.10. Weisheit 10.

November

1.11. Fesseln 69, 2.11. Weisheit 61, 3.11. Unsinn 130, 4.11. Fesseln 156, 5.11. Fesseln 32, 6.11. Leib 176, 7.11. Weisheit 11, 8.11. Sinnen 131, 9.11. Sinnen 80, 10.11. Fesseln 97, 11.11. Fesseln 72, 12.11. Weisheit 16, 13.11. Weisheit 25–26, 14.11. Vogel 92, 15.11. Fesseln 86–87, 16.11. Fesseln 66–67, 17.11. Schäfer 123, 18.11. Unsinn 37, 19.11. Weisheit 73, 20.11. Fesseln 114–115, 21.11. Fesseln 11–12, 22.11. Sinnen 21, 23.11. Unsinn 11, 24.11. Fisch 89–90, 25.11. Schäfer 150, 26.11. Fesseln 79, 27.11. Fisch 102–103, 28.11. Unsinn 47, 29.11. Schäfer 180, 30.11. Unsinn 140.

Dezember

1.12. Weisheit 43, 2.12. Unsinn 34, 3.12. Leib 72, 4.12. Fesseln 156, 5.12. Fesseln 96, 6.12. Fesseln 96, 7.12. Sinnen 133, 8.12. Fesseln 17, 9.12. Unsinn 55–56, 10.12. Schäfer 165, 11.12. Unsinn 38, 12.12. Fesseln 75–76, 13.12. Unsinn 188, 14.12. Fisch 99–100, 15.12. Schäfer 160, 16.12. Gott 23–24, 17.12. Gott 39–40, 18.12. Fesseln 14, 19.12. Unsinn 206, 20.12. Leib 23, 21.12. Fesseln 156, 22.12. Weisheit 77, 23.12. Fesseln 72–73, 24.12. Sinnen 132, 25.12. Unsinn 137–138, 26.12. Leib 60, 27.12. Leib 93–94, 28.12. Fesseln 58, 29.12. Unsinn 205, 30.12. Leib 183, 31.12. Sinnen 125.

Anthony de Mello inspiriert

Eine Minute Unsinn
Weisheitsgeschichten
Band 5658

Hinter scheinbarem Nonsens blitzt plötzlich tiefer Sinn auf. Humorvoll, pointiert, voll Witz machen diese paradoxen Geschichten auf das widersprüchliche Leben selbst aufmerksam.

Warum der Schäfer jedes Wetter liebt
Weisheitsgeschichten
Band 5660

Vorwiegend heiter: Geschichten aus dem richtigen Leben und für alle Wetterlagen. Im Klima der Globalisierung werfen universell – menschliche Erfahrungen ein ganz neues Licht auf unsere Möglichkeiten.

Wer bringt das Pferd zum Fliegen?
Weisheitsgeschichten
Band 5662

Die zentralen Lebensthemen Wahrheit, Liebe, Spiritualität und zwischenmenschliche Beziehungen in de Mellos Geschichten erscheinen mit heiterem Lächeln in einem ganz neuen Licht.

Wie ein Fisch im Wasser
Anleitung zum Glücklichsein
Band 5664

„Glück und Liebe sind nicht Resultat von Anstrengung – sie stellen sich von selbst ein." Im Meer der Ablenkungen das Wesentliche nicht übersehen und bei allem Ansturm gelassen bleiben.

Eine Minute Weisheit
Band 5663

„Es kann ein Leben lang dauern, bis die Augen geöffnet sind. Oft genügt jedoch ein Blitz, um zu sehen." Geschichten, tiefsinnig und hintergründig. Sie vermitteln blitzartig wesentliche Wahrheiten.